U0894852

文
景

Horizon

社 科 新 知　文 艺 新 潮

WILLIAM SHAKESPEARE

OTHELLO

奥瑟罗

[英] 威廉·莎士比亚 著

卞之琳 译

上海人民出版社

目　录

威尼斯摩尔人

奥瑟罗

悲剧

剧中人物

威尼斯大公。

布拉班旭，元老，玳丝德摩娜之父。

其他元老院元老。

格雷协诺，布拉班旭之弟。

罗陀维科，布拉班旭之亲戚。

奥瑟罗，摩尔人，供职威尼斯政府。

凯西奥，奥瑟罗之副将。

亚果，奥瑟罗之旗官。

洛德里科，威尼斯少爷。

蒙太诺，塞浦路斯总督，奥瑟罗之前任。

小丑，奥瑟罗之仆。

玳丝德摩娜，布拉班旭之女，奥瑟罗之妻。

爱米丽亚，亚果之妻，侍候玳丝德摩娜。

碧安卡，娼妓，钟情凯西奥。

水手、信使、传令官、军官、绅士、乐师、侍从。

地　点

威尼斯、塞浦路斯。

四剧中仅本剧在“第一对折本”剧文末印有剧中人物表，排列和称谓如下：

奥瑟罗，摩尔人。

布拉班旭，玳丝德摩娜之父。

凯西奥，正直副将。

亚果，恶汉。

洛德里科，受骗绅士。

威尼斯大公。

元老院众元老。

蒙太诺，塞浦路斯总督。

塞浦路斯绅士多名。

罗陀维科，与格雷协诺，威尼斯二贵人。

水手数名。

小丑。

玳丝德摩娜，奥瑟罗之妻。

爱米丽亚，亚果之妻。

碧安卡，妓女。

第 一 幕

第一场　威尼斯。街头。

洛德里科与亚果上。

洛　得了，别跟我讲了！我说你亚果
也太无情了：我的钱包就让你
随便掏，你却早就知道了这一点。
亚　天作孽，你就不肯听我说下去！
要是我曾经料想到会有这等事，
我就不是人。
洛　还跟我说什么你心里确实恨他哩！
亚　要是我不恨他，就算我狗矢不如！
城邦有三位大人物恭请他提升我
当他的副将；我凭天理良心说，
论身价，我不该再低于这个位置了。

可是他自命不凡，自以为是，
拐弯抹角，只一味海阔天空，
胡搬乱弄了一些战争套话，
话到临了，
拒绝了我的说情人；“当然，”他说，
“我早就选定了谁当我的副将了。”
那可是怎样一个人？
嗨，那是一位了不起的算学家，
名叫迈开尔·卡西奥，佛罗伦萨人
（会娶个娇妻活该倒霉的家伙），
从没有带一支小部队上过战场，
并不比娘儿们更懂得摆开阵势，
进行战斗；只熟悉书本理论，
可是在这方面，穿长袍元老讲起来
也一样高明。会空谈而不懂实际，
是他的军人本色。偏是他中选了；
我呢，我在罗兹岛，在塞浦路斯岛，

21 原文本行表面意思与剧情不符，因此各家解释不一，现综合各说，酌译成如此。

基督徒，异教徒中间，都战功煊赫，
奥瑟罗亲见过，却只得对收支记帐人，
对这个拨弄算盘人，甘拜下风。
他呀，好福气，理当做他的副将，
我呢，天晓得，活该当黑大人的旗官。

洛　天在上，我宁愿绞死他当了刽子手！

亚　没有法子，当兵的活该受罪。
如今要升官，得靠来头和恩宠，
不再照老规矩办事，按步提升，
下一个接替上一个。你自己评评看，
我究竟凭什么关系要死心偏袒
这个摩尔人。

洛　　　　　　要是我，就不会跟随他了。

亚　老兄啊，尽管放心。
我自有主意，追随他另有目的。
我们并不能谁都当主人，主人
也不配谁都有忠仆。你可以看到，
有许多尽心力、卑躬屈膝的家伙，
死不肯放松自己当奴才的职司，

活象主人的驴子，为一口草料
消磨一辈子；人一老就给撵出去。
叫这种老实货吃一顿鞭子才对！
另外也有人，表面上忠心耿耿，
心里头只顾自己、为自己效力，
靠玩弄卖力气花招巴结主人，
一帆风顺，一等到飞黄腾达，
就只认自己了。这种人倒有点头脑；
我自命就是这样一个人。老兄，
就象你是洛德里科，不是别人，
我要是摩尔人，我就不会是亚果。
跟随他，实际上，我是跟随我自己。
天有眼，看得清，我不是出于忠爱，
只假装如此，为了我一己的利益；
一旦我让外表的举动泄露了
肚子里装的真实打算和念头，
那就用不了多久，我会把我的心
也都掏出来，钉在我的袖子上，
叫乌鸦飞来乱啄了。我不是真我。

洛　厚嘴唇家伙交了什么好运了，
占这么大便宜！
亚　　　　　　　　　把女的父亲喊起来，
闹起来——决不要放过黑郎君，扫他兴，
满街叫骂他。煽动女方的亲属；
虽然他居住了丰饶富庶的国土，
叫苍蝇滋扰他，虽然他享尽欢乐，
给他的欢乐添这种小小的麻烦，
抹掉它几分光彩。
洛　这是她父亲的家屋了。我就叫嚷吧。
亚　喊吧，你就算望见了一座大城市，
有千家万户，夜里失慎，着了火，
不由得大声惊叫吧。
洛　喂，布拉班旭！布拉班旭老爷，喂！
亚　醒醒！布拉班旭！捉贼，捉贼，捉贼！
喂，看好你房子，你女儿，你钱袋，
捉贼，捉贼！

布拉班旭上至高处一窗口。

布　为什么这样子惊惶，大叫大喊？
　　你们有什么事？
洛　先生，你们全家人都在家里吗？
亚　前后门都锁了吗？
布　　　　　　　　啊，问这个干吗？
亚　府上挨抢了！不成话，快穿起袍子！
　　你的心碎了，灵魂丢失了一半了。
　　就在这时候，这一刻，一只老黑羊
　　和你的小白羊交尾呢。起来，起来！
　　快打钟唤醒正在打鼾的市民，
　　要不然黑魔鬼就要让你抱外孙了。
　　起来呀，快！
布　　　　　　怎么，你们疯了吗？
洛　最可敬的先生，听不出我的声音吗？
布　听不出。你是什么人？
洛　我名叫洛德里科。
布　　　　　　　　更叫我讨厌！
　　我已经吩咐过你不要上我的家门，
　　你已经听见过我说得明明白白

我女儿是不嫁给你的，现在，你疯了，
把晚饭吃饱了，把酒喝得烂醉了，
存心捣鬼，前来要无赖，撒泼，
闹我不安生。

洛　先生，先生，先生——

布　　　　　　　　　　你得放明白，
别惹我发脾气，我的地位尽可以
使你为此叫苦。

洛　　　　　　　　别动气，好先生。

布　你跟我讲什么抢劫？这儿是威尼斯，
我住的也不是独家庄。

洛　　　　　　　　　　最尊严的布拉班旭，
我来找你纯出于一片好心。

亚　哎呀，老大爷真胡涂，只当是魔鬼叫你尊敬上帝，你就连上帝也不理了。因为我们来给你效劳，通风报信，你以为我们是无赖，你就宁要你的女儿给一匹巴巴里黑马骑了，宁要马外孙对你嘶叫；宁要马亲戚跟你攀亲了。

布　你是什么样一个渎神的坏蛋？

110　巴巴里是北非洲摩尔人所在地区。

亚　我是特来报告你的女儿正在和摩尔人一块儿叠背做畜生的勾当。

布　你是个浑蛋。

亚　　　　　　你是——一位元老。

布　我唯你是问，我认识你洛德里科。

洛　我承担一切责任。我求你听我说，
要是经过你慎重考虑，甘愿
（我想这也并不是没有可能）
让你美丽的千金小姐在此刻
深更半夜，不找人保护，伴送，
就雇一个普通的船夫摇送到
一个淫荡的摩尔人粗野的怀抱里，
要是你知道的，而且得到了你同意，
那么我们是对你放肆，胡闹了；
要是你对此一无所知，那么
我认为你是错怪了我们。别以为
我这样竟然顾不了文明礼节，
胆敢对你老人家失敬，开玩笑，
我再说一遍，如果你没有准许她，

你女儿可就干得大逆不道了，
把她的责任、美貌、聪明和财富
全都抛给了一个东飘西荡，
到处为家的外邦人。快去搞清楚。
要是她在她的闺房里，在你的家里，
好好的，那就按国法严重处分我
这样的欺骗罪。

布　　喂，快点起火来！
给我枝蜡烛！家里人全都叫起！
这件事跟我梦里做到的差不多，
不祥的预感已经缠了我许久。
拿火来，拿火来！　　〔从上方下。

亚　　再见，我得先走了。
要是我留在这儿，就得出头，
来给摩尔人作见证，那就不适当，
对我的地位也不便。我了解国情，
尽管这件事会给他招来些责难，
政府并不敢轻易革他职；因为
塞浦路斯那边的局势还是紧张，

非常迫切需要他带兵去出征，
再也找不出第二个同样有本领
挑这副重担子。就为了这个缘故，
虽然我恨他就象我恨地狱的折磨，
但是为了目前生活的必需，
我得挂出个忠诚的旗子和幌子，
真就是幌子罢了。你就带搜查人
上弓手旅馆，一定会在那里找到他。
我也就跟他在一起了，那就再见。〔下。

布拉班旭披袍、仆从持火炬上。

布　糟到真叫人难于相信。她走了；
我的余生叫我自己都憎厌，
只剩下辛酸了。嗯，洛德里科，
你在哪儿看见她的？（可怜的孩子！）
跟那个摩尔人在一起，你说！（谁愿意
还当父亲？）你怎么知道是她呢？
（她骗得我想都想不到！）她对你说什么？

再来些蜡烛！都起来！他们成亲了吗？

洛　我看他们是成亲了。

布　天啊！她怎么出去的？十足是孽种！
做父亲的，从此别相信你们的女儿，
知面不知心。世界上有没有魔法
使少女迷失本性、走上邪路的？
你曾经在书上读到过这些东西吗，
洛德里科？

洛　　　　　是的，先生，读到过。

布　叫我的兄弟去！——倒是你娶了她好！
有的走这边，有的走那边！——你知道
我们到哪儿好抓住她和摩尔人吗？

洛　我想我能够找到他，只需有劳你
多带些得力的人手，跟我一同去。

布　就请带路。我挨家挨户去叫。
许多人会听我指挥。拿起刀剑
再召集一些巡夜的警官，走吧，
好洛德里科，我会报答你出了力。

〔齐下。

第二场　另一街头。

奥瑟罗、亚果及侍从持火炬上。

亚　我干的是打仗的行当，也曾杀过人，
可是我总觉得良心不能容许
存心杀人。有时候我缺少狠心
为自己泄愤。总有十次九次了，
我真想就这样一刀直刺他胸口。
奥　随他去得了。
亚　　　　　　可是他喋喋不休，
说了那么些下流的不堪入耳话
句句糟蹋你，
尽管我还有一点小小的度量，
也实在容忍不了。请问将军，
你们结婚成亲了吗？相信我的话，
那位元老非常的受人尊敬，
享有极大的威望，说话的力量
远超过大公。他会逼你们离婚

或者就借铁面无私的法律
竭尽全力使它一点也不通融，
阻挠你，给你难堪。

奥　　　　　　　　就让他来好了。
我对政府立下的汗马功劳
会压倒他的控诉。大家还不知道
（要是我知道了夸耀是一种光荣，
我早就宣扬了）我是王室的后代；
且不说身份，凭我的功绩，
我如今攀上了这一门高贵的亲事，
也一点不感到有什么惭愧。亚果
要不是我爱上了玳丝德摩娜，
即使把海洋的珍宝都拿来给我，
我也不愿意放下我自由的生活，
去受家室之累。看火光，谁来了？

亚　是那个父亲，带着亲友赶来了。
你最好进去。

奥　　　　　　我才不。我得顶出去。
我的经历、头衔、磊落的胸怀，

都可以为我表白。来的是他们吗？

亚　两面神作怪，不象是他们。

奥　是大公派来人？还有我的副将？

凯西奥及军官数名持火炬上。

深夜光临，祝你们晚安，朋友们！

有什么事情？

凯　　　　　　大公问候你将军；

他请你火速前去，当面商谈，

切勿延误。

奥　　　　　你看有什么情况？

凯　我猜是塞浦路斯方面有什么问题。

情况一定很紧急。今天一夜晚

就已经开兵船派来了十二位使者

一位跟一位，接二连三来这里；

许多元老都被从睡梦里叫起来，

聚集到大公府。他们急需你前去；

因为在你的寓所里没有看见你，

元老院又派人分成三路，四处来

把你寻找。

奥　　幸而给你们找到了。

让我先到里边去说完一句话，

就跟你们走。　　〔下。

凯　　旗官，他为何来此呀？

亚　他今夜登上了一艘陆地运宝船。

抢来的变成了合法的，他可就发迹了。

凯　我不懂。

亚　　他已经结婚了。

凯　　跟谁？

亚　唔，跟——

奥瑟罗上。

将军，你就走？

奥　　走吧。

凯　另外一队人也来这里找你了。

布拉班旭、洛德里科、警官等持火炬、刀剑上。

亚　这是布拉班旭。将军，你得当心点。
他此来不怀好意。
奥　　　　　　　　喂！站住！
洛　先生，正是摩尔人。
布　　　　　　　　干掉他贼骨头！

〔双方拔剑。

亚　你洛德里科！老兄，我来对付你。
奥　明晃晃刀剑都收起，着露水会生锈。
老先生，你凭高龄，有话尽吩咐，
无须动武呀。
布　恶贼，你把我女儿藏到哪里了？
你这样的魔鬼想不到竟把她迷住了！
我们按世间的常情常理来说，
象这样一个温柔、美貌的姑娘，
在家里娇生惯养，不愿意出嫁，
本国有许多富家的风流公子
都受她拒绝，要不是受魔法蛊惑，

怎么会不怕招来世人的讥笑，
背弃亲荫，投入你这样一个丑东西
漆黑的怀抱，不是贪欢，是受罪。
叫世人评评看，这不是明明白白
你用邪恶的法术把她蛊惑了，
用什么药物糟蹋她脆弱的青春，
使她迷失了心窍。我定要追究。
这是可能的，也不是想象不到的。
所以我现在逮捕你，归案法办，
罪行昭彰，你行使法令禁止的、
社会不容的邪术，败坏风化。
上去抓住他。如果他硬要抗拒，
由他自己来承担危险。

奥　　　　　　　　　　住手，
不管是你那一边的，我这一边的！
该当我动手的时候，我自会知道，
不用别人来提示。你要我到哪儿
去答复你的控诉？

布　　　　　　　　先去坐牢，

等法庭开审，依法传呼你的时候，
再来答复。
奥　　　　　　　　我就从命，怎么样？
只是我这样又怎么向大公交代呢？
他派来的使者就在这里，我身边，
正要召唤我立即赶去商谈
紧急的公事。
军官　　　　　　　　真的，尊贵的先生，
大公正在召开会议，我相信，
也已经派人请阁下。
布　　　　　　　　　　　　大公在开会？
在这样深更半夜？把他带走！
我这个案件也并不等闲。大公
或者元老院的弟兄们一旦听说了，
一定会感到好象是身受的侮辱。
这样的行为都可以放过不管，
奴隶和异教徒就要来执政当权。

〔同下。

第三场　会议室。

大公及众元老上，围桌而坐，侍众持火炬。

大公

这些报告说法都并不一致，

难于相信。

元老甲　　　　它们确大有出入，

我的信上说一百零七艘战舰。

大公

我的说一百四十。

元老乙　　　　　　　　我的说二百。

可是尽管确实的数目对不上，

（在这种场合，估计数字总难免

有些出入），情报却一致肯定

是一支土耳其舰队，正开往塞浦路斯。

大公

可不是，据情况判断，这大有可能。

我并不因为报导有差错的地方
尽自放心了，我相信主要的这一点，
感到很不安。

水手 〔自内〕

报告！报告！报告！

水手上。

军官

兵船上来的信差。

大公　　又有什么事？

水手

土耳其舰队是向罗兹岛进发的，
安琪罗大人派我来这里向政府
报告军情。

大公

你们怎么看这个变动？

元老甲　　按理说，

这是不可能的。这是虚张声势，
对我们声东击西。我们想一想
塞浦路斯对于土耳其多么重要，
我们设身处地，再权衡轻重
来看看，它比罗兹岛更为关切，
而且可以轻而易举的夺到它，
因为它上面设防比较单薄，
完全比不上罗兹岛戒备森严。
我们只要这样想一想，就不会
相信土耳其人会这样碌碌无能，
把最关切身利益的撇在最后，
居然不采取轻而易举的尝试，
而甘冒危险，不怕会劳而无功。

大公

对，一定不是去进攻罗兹岛。

军官

又来消息了。

一使者上。

使者

大公和各位大人在上，土耳其人
原来把舰队一直向罗兹岛开去，
却让它中途会合了第二支舰队。

元老甲

不出我所料。你估计有多少船只？

使者

三十艘；现在他们掉转了船头，
倒过来开行，毫不掩饰，把目标
直指塞浦路斯岛。蒙太诺大人，
你们忠诚的最为英勇的臣下，
义不容辞，特派我前来报告，
愿蒙亮察。

大公

那么一定是攻塞浦路斯岛了。
玛可斯·路齐科斯此刻不在这里吗？

元老甲

他现在佛罗伦萨。

大公

写封信给他，十万火急的送去。

元老甲

布拉班旭和英勇的摩尔人来了。

布拉班旭、奥瑟罗、凯西奥、亚果、洛德里科
及警官数名上。

大公

英勇的奥瑟罗，我们要立即派遣你
前去抵挡我们的大敌土耳其人；
〔对布拉班旭〕
我没有见你来。欢迎，高贵的大人，
今夜还缺了你的高见和帮助。

布　我也正需要帮助。阁下，请原谅。
不是责位，也不是听到了风声，
把我从床上唤起来；邦家大事
引不起我关怀；因为我私人的悲痛，
好象打开了闸门，到处泛滥，

淹没了，吞没了一切其它的忧伤，
本身还是消不了。
大公　　　　　　　　　啊，什么事？
布　我女儿！我女儿啊！
众　　　　　　　　　　　死了？
布　　　　　　　　　　　　　　我看差不多！
她被人骗了，拐走了，被人用符咒
和江湖医生的邪药迷住了心窍，
本来是不痴，不傻，不瞎眼，要不是
行使了妖法，怎能毒害她干出了
这么离经叛道的荒唐事。
大公
不论谁干下了这种恶毒的勾当；
害你的女儿失去了她的本性，
害你失去了女儿，法律俱在，
铁面无情，你就按严酷的条文，
随意判刑；哪怕是我的亲儿子
也听凭从严处分。
布　　　　　　　　　多谢阁下。

人就在这儿——这个摩尔人，他似乎
正奉紧急命令，特意被召来
商谈国事哪。

众　这就非常抱憾了。

大公　〔对奥瑟罗〕
你自己一方面对此有什么要分辩？

布　事实是如此，他没有什么话好说。

奥　威严、庄敬、德高望重的大人们，
我的高贵而久经考验的好主人，
说我带走了这位老人家的闺女，
一点也没有错；我当真和她结了婚。
我犯罪，说到绝顶，也就是这点，
再没有什么。我向来说话粗鲁，
不会讲娓娓动听的花言巧语；
自从我这双胳膊足足长够了
七年的气力，直到九个月以前，
总是在沙场上显显它们的厉害；
至于这个大千世界，我没有
什么好说的，除非讲交手打仗；

因此我不会文饰我的行径，
为自己说话。承大人好意，我但求
耐心听我直捷了当来陈述
我全部恋爱的经过，我用了什么药，
什么符，什么咒，什么神奇的魔法
（照他控告我用过的这些名堂）
骗到了他女儿。

布　　　　她是个胆小的姑娘；
素来是幽娴的，只要动一动感情，
就会脸红的，怎么竟不管品性、
年龄、种族、名声和一切问题，
爱上一个她看都怕看的家伙！
除非判断力损失，头脑出问题的，
才会说一个完美的女子会这样
干出不近情理的事情，否则你必须
追究其中耍了什么样鬼花招
才弄到这样。因此我特为重申，
他一定用了什么烈性的药粉、
或者用了什么迷魂的药汤，

害得她这样。

大公　　　　　　这样说，不能算证据。

没有更确切、更明显的事实作证，

单是一般的猜测、无稽的设想，

对他还是构不成有效的控告。

元老甲

奥瑟罗，你说呀。

你是靠曲施花招，直施强暴，

毒害和征服了这位姑娘的感情？

还是靠正大光明，推心置腹，

真诚求爱而博得她芳心的？

奥　　　　　　　　　　　　请你们

派人到弓手旅馆把小姐接来，

让她在父亲面前亲自谈谈我。

要是听她说我有不正当行为，

你们尽可以撤销我的职权，

而且连我的生命也就听凭

你们发落。

大公　　　　　　把玳丝德摩娜请来。

奥　旗官，你去带路，你熟悉那地方。

〔亚果及二三侍从下。

在她到来以前，象对天坦白
我生性的缺憾那样，我确确实实，
向你们尊贵的大人详细陈述
我怎样博得了这位美人的恩情，
她怎样得到了回报。

大公

讲吧，奥瑟罗。

奥　她父亲喜欢我，常把我请去家里，
总问我生平的事迹，一年又一年，
我所经历过来的征战、围攻
和种种遭遇。
我原原本本，从我的童年开始，
一直讲到他要我讲的时期。
我就讲起最惨的千灾百难，
海上陆上惊心动魄的事故，
攻城破垒中险极的死里逃生；
怎样被气焰万丈的敌人俘虏了

卖出去当奴隶，后来又怎样赎出来
怎样在千山万水里对付一切；
大极的洞窟、全无人烟的沙漠、
嶙峋的峰峦、峰顶接天的高山，
我都有机会讲到，我讲了这些，
又讲到吃人的生番，不只吃别人，
也吃自己的同族，还有头颅
长在肩膀底下的怪人。这一切
玳丝德摩娜都听得津津有味；
有时候家务不由得把她拉走了；
她总是赶快去匆匆处理完了，
重新奔回来，用她贪婪的耳朵
把我的一言一语都狼吞虎咽。
我一见如此，有一回得便，正好
从她的嘴里逗出了衷心的愿望：
要我把我的经历从头至尾
对她讲一遍——因为她只听过片断，
没有好好听全。我就答应了，
也就常常赢得她不少眼泪，

一听我讲到年轻时候遭受的
什么苦难。我讲完自己的故事，
她就用唉声叹气来向我酬谢，
发誓说，真奇怪，奇怪到难以置信；
真可怜，真是难以想象的可怜。
她但愿没有听说过，可是又但愿
上天也把她造成这样个男子汉。
她谢我，还说我若有朋友爱上她，
只需教他怎样讲我的故事
就会博得她欢心。我这才开口了。
她为了我所经历的患难而爱我，
我为了她同情这些经历而爱她。
这就是我曾使用过的唯一妖术。
小姐来了。就让她为我作证吧。

玳丝德摩娜、亚果、侍从上。

大公

这一番故事怕我的女儿听了

也会不由自己的。好布拉班旭，
事到如今，还是顺水推舟好。
就算是断刀折剑，总还是管用，
远胜过赤手空拳。

布　　　　　　　　请听她自己讲。
只要她承认自己是半推半就的，
算我错怪了这个人，我就活该
受天诛地灭！过来，我的好姑娘。
你在这全院的贵人中间认认看
最该服从哪一位？

玳　　　　　　　　父亲大人，
我认识目前我面临双重的责任。
当然，我蒙受你生养和教育的恩情，
我的生命和教养都使我知道
怎样尊敬你：你是我的尊亲；
我一直是你的女儿。这儿却还有
我的丈夫；母亲当年对你好，
对你比对她的父亲还要看重，
我也就有权利对我的摩尔人丈夫

尽本分。

布　　再见吧！我没有什么话要说了。
请阁下继续讨论国家大事吧。
我后悔不该生孩子，该收养一个。
过来，摩尔人。
你接去吧，我现在死心塌地给了你，
要不是你早已得到了，我本来拼死
也不会让你带走。因为你，宝贝，
我衷心庆幸再没有别的孩子；
否则，你的私奔会叫我当暴君，
让她们都带上脚镣。我说完了，阁下。

大公
让我象你平素一样的说几句，
也许好引导这一对情人进一步
博取你的好感。
生米煮成了熟饭，也就罢休，
山穷水尽，也就不用再担忧。
吃点亏已经过去，念念不忘，
那就只会招来了新的灾殃。

命运要拿走的，谁也保持不了，
逆来顺受，就乐得开了它玩笑。
挨抢的笑笑，强盗就不免失意，
徒然烦恼，是趁火打劫了自己。

布　那就让土耳其夺去塞浦路斯岛，
我们能付诸一笑，也就没有丢掉。
心上没有负担的，听这路格言，
可以受得了，听起来自然舒坦；
只可惜既负担忧伤的，听了不受用，
惟有借助忍耐来缓和悲痛。
这些警句，就象是两面三刀，
既叫人得安慰，也叫人添苦恼。
空话毕竟是空话，有谁听说过
心上受了伤，疗治它可以靠耳朵？
请阁下现在就商议国家大事吧。

大公

土耳其人，充分调集了兵力，正向塞浦路斯大举进犯。奥瑟罗，你最了解当地的防御力量，虽然我们在那里派驻了一位总督，一向有干练的名声，可是影响最大的公众舆

论，认为你去镇守，更为安全。所以顾不得你暂且压一压
新婚的喜气，派你亲自出马，前去辛苦一遭。

奥　各位庄严的元老，无情的习惯
已经使战场的砂砾滩、刀山火海
变成了我的鸭绒软床。我认识自己
在艰难困苦当中天生有感到
轻松自在的本性；我愿意受命
现在就出征，去抵御来犯的土耳其人。
我唯命自从，听凭国家的派遣，
只求给我的妻子作适当照顾；
住的地方、享受的供养，都要
安排得周到，妥贴，使她舒适，
和她的身份相称。

大公　　　　　　　　好不好就让她
住她父亲的家里？

布　　　　　　　　我决不同意。

奥　我也不。

玳　　　　　我也不。我不愿住那里，
让我每天给我的父亲看到，

惹他生气。仁善的大公阁下，
请广开鸿恩，倾听我吐一下心愿，
但愿得到你一声允诺，鼓励我
提出直率的请求。

大公
你有什么请求，玳丝德摩娜？

玳　我爱他本来就是为了要同他生活，
我就用激烈的攻下了命运的行动
向世界宣告吧！我的心接触了
他的事业就爱了他的事业。
我见了奥瑟罗的心见了他的面，
我已经把我的灵魂和我的命运
献给了他的光荣和他的功绩。
因此，各位大人，要是他出征了，
把我留下来，当一只无聊的蛾子，
就剥夺了我爱他和他共甘苦的权利，
而我也难以打发他外出期间的
孤单日子。让我跟他一同去。

奥　请就允准了她吧。

天给我作证，我所以要这样请求，
并非是为了要贪图温柔的滋味，
也不是为了满足热情（我已经
过了火旺的青春期）和正常要求，
而无非是为了成全她的心愿。
诸位善心的大人也不要担心
我带她在身边，会对于军机大事
有所玩忽。如果小爱神丘比特
施展他扑朔迷离的轻佻花招，
居然蒙蔽了我清醒和警觉的眼睛，
竟使我沉迷声色，耽误了公事，
那就让管家婆拿我的头盔当锅子，
让一切羞耻和屈辱都落到我头上，
叫我一下子名誉扫地吧！

大公

她留下还是去，由你们自己决定。
局势非常之紧急，必须从速

262 “正常要求”或可译作“个人欲望”。

相机行事。你今夜就得动身。

玳　今夜吗，大人？

大公　今夜。

奥　定当遵命。

大公

早上九点钟我们要再来开会。
奥瑟罗，请你留下一位军官，
我们随后要派他把委任状送给你，
还有跟你的职位相符的一类
重要东西。

奥　就留下我的旗官吧？

他是诚实的，可以信赖的一个人，
我也就托他护送我的妻子，
大人如想到还有什么事情，
也可以交他指示我。

大公　就这样办吧。

各位晚安！

〔对布拉班旭〕

再说，尊贵的大人，

要是德行不缺少好看的长相，
你的女婿不算黑，却实在堂皇。

元老甲

再见，勇敢的摩尔人。要好好对待
玳丝德摩娜。

布　当心点，摩尔人，看住她，要小心仔细。
她骗过父亲，也难保不会骗你。

〔大公、元老、侍从等下。

奥　我拿生命来保证她坚贞！诚实的亚果，
我得把我的玳丝德摩娜托付你。
也就请你叫你的妻子陪侍她，
一有机会就护送她们前来。
来，玳丝德摩娜。我只剩半小时
跟你一起谈情，还有一些琐屑事
需要处理。我们必须抢时间。

〔奥瑟罗与玳丝德摩娜下。

洛　亚果。

亚　你要说什么，大少爷？

洛　你看我怎么办？

亚　什么，上床去睡觉。

洛　我就去投水。

亚　真要去投水，我以后就再也不理你了。啊，你这个傻大爷！

洛　既然活着只是受罪，还要活下去才叫傻呢。一死是唯一的解脱，死神就是救命恩人了。

亚　无聊！我出世到今，已经阅历了四七二十八年；自从我能够识别利害以来，我还从不曾见过什么人知道怎样爱惜自己。我决不会只因为了爱一只母鸡碰钉子，就嚷着要投水自杀，除非我跟一只猩猩交换了一副头脑。

洛　我该怎么办？我承认我这样痴心，实在丢脸，可是要扭转过来，我又没有这份魄力。

亚　魄力？算了吧！我们变这样变那样，全在我们自己。我们的身体是我们的园子，我们的意志就是园丁；我们要栽荨麻，要种莴苣，播下牛膝草，拔去百里香，只培养清一色品种，或者凑成功？百花苗圃，懒得动就让它荒芜也罢，辛勤给它施肥也好，这一切权是在我们手里，凭我们自己的意志决定。如果我们生命的天平秤上，一边没有“理智”的秤盘平衡另一边“情欲”的秤盘，那么我们身上下流的欲念就会把我们引导到荒唐透顶的结局。幸亏我们有理智来冷却我们冒火的冲动、肉感的刺戟、没遮拦的肉欲；我看你们所说的爱情就是这一套的花样。

洛　不可能是这样。

亚　这只是一阵淫欲的冲动、一番意志的放纵。得，做个男子汉！投水自杀？淹死小猫和没有开眼的小狗去吧！我已经声明是你的朋友，我承认我跟你的交情，缠在一起，永远是难解难分。我此刻比什么时候都更好为你卖力。把钱袋装满。随军出发；装上胡子，掩饰你的脸蛋。我说，把钱袋装满。玳丝德摩娜不会长远爱摩尔人——把钱袋装满——摩尔人也不会长远爱这个女的。开头一下子打得火热，回头一下子就会分裂。只要把钱袋装满。摩尔人总朝三暮四。把你的钱袋装满了。现在他尝着的是蜜一样的甜，要不了多久会感到黄连一样的苦。女的一定要换个年轻的。她一旦感到他的肉体腻味了，就会发现她挑错了人。她一定要换换口味，一定的。所以把你的钱袋装满吧。如果你一定要作践自己，该比投水自杀要做得漂亮一点。把你能搜罗到的钱都搞来吧。要是一场婚礼、一个流浪的野蛮人和一个心眼太多的威尼斯女子之间一句脆弱的盟誓，凭我的足智多谋和地狱里全伙人马的通力协助，不难破坏呢，你就会享受她。所以去搞钱吧。别再胡说什么投水了！根本不在话下。你宁可设法去偷香窃玉，回头被人家绞死，总不要自己先白白淹死，而没有一亲她芳泽。

洛　如果我还存这一点指望，你能帮我到底吗？

亚　你对我尽管放心。去，搞钱吧。我已经告诉过你，我不惜再三告诉你，我恨摩尔人。我从心底里和他结下冤孽；你跟他也不能两立。我们同心协力来报他仇。如果你能给他戴上绿头巾，你寻到了欢喜，我知道了也开了心。时间的肚子里有许多妙事要等待出世哩。开步走！去！张罗你的钱！我们明天再细谈。再见。

洛　我们早上在哪儿碰头？

亚　在我的寓所。

洛　我一定去找你。

亚　得，再见。你听见了吗，洛德里科？

洛　你说什么？

亚　别再想投水了，你听见了吗？

洛　我已经改变了主意。我去卖掉我全部的田产。　〔下。

亚　我就叫这个傻瓜做我的腰包；
要是我跟这样的蠢材打交道花时间，
只是为开玩笑，捞便宜，那就亵渎了
我的真知灼见了。我恨摩尔人。
外边谣传说他在我的被窝里
替我尽过职。也不知是否确实，
但是这类事，即使仅仅是涉嫌，
我也要当真的行事。他对我很好；
我就更好使出计谋来对付他。
凯西奥是一个漂亮人。让我想想看：
夺取他的位置，一箭双雕来
遂我的心愿——怎么样，怎么样？想想吧。
过一些日子，让我在奥瑟罗耳边
编造说他跟将军的夫人太亲密了。
他呀，人就象样，性情又温和，
叫人不放心——天生会害女人失足。
摩尔人又是生性坦率宽厚，
把不过貌似诚实的都当作诚实人；

他也就最容易被人家牵着鼻子走，
就象驴子。
有了！主意来了！地狱和黑夜
定要送这一胎毒计见光明世界！ 〔下

第二幕

第一场　塞浦路斯一海港空阔处。

蒙太诺及二绅士上。

蒙　你从那边海岬上望得见什么？

绅士甲

什么也不见。只见白浪滔天。
白茫茫一片海天相接的中间
看不见一点帆影。

蒙　风在陆地上曾经呼啸得好厉害；
从没有更大风摇撼过我们的城堞。
如果它在海上也这样放肆过，
哪一艘坚固的橡木船经得起浪山
这样的冲击？结果有什么消息？

绅士乙

土耳其舰队散失得无影无踪。
谁只要在水花飞溅的海滩上一望，
就会感到风涛象直拍霄汉，
风涌巨浪，竖起惊人的白鬃毛，
象泼水猛洒燃烧不息的北斗星，
要浇灭拱卫北极星的小熊星座。
我生平第一次见到这样的骚动，
翻江倒海。

蒙　　　　　　要是土耳其舰队
没有能找港湾躲避，一定都沉没了。
它们不可能顶住。

绅士丙上。

绅士丙

好消息，大伙听！我们的战争结束了。
险恶的大风暴狠狠的打击了土耳其人，
叫他们搁置了计划。一艘大船，

威尼斯来的，看见了他们的舰队
大部分损失惨重。

蒙　怎么，真的吗？

绅士丙　　　　　　大船已经进港了，
一艘维罗纳大船，迈开尔·凯西奥，
英勇的摩尔人奥瑟罗将军的副将，
已经上岸了，将军还正在海上，
他奉命来全权镇守这儿塞浦路斯。

蒙　我听了很高兴。他是位可敬的总督。

绅士丙
这位凯西奥，讲到土耳其的损失
虽然愉快，却显得有点忧愁，
祝祷奥瑟罗平安，因为他们
是给大风暴吹散的。

蒙　　　　　　　　　愿上天保佑他；
我当过他的部下，见他指挥得力，
十足是大将。我们都到海边去吧！
我们去看看那艘大船开来，
放眼去远远盼待非凡的奥瑟罗，

哪怕我们把大海和青天直望到
连接在一起的远处。
绅士丙　　　　　　　我们就去吧；
因为随时随刻都可能盼见
有人到来。

凯西奥上。

凯　谢谢你们英雄海岛的勇士
这么样称道摩尔将军！愿上天
保佑他顶住了这番恶劣的天气，
我是在惊涛骇浪中和他失散的。
蒙　他坐的那条船好吗？
凯　他的船坚固结实，他的驾驶员
又是久经考验，高明熟练的，
所以我的希望（并没有过分）
不至于落空。

〔内喊声：“一条船，一条船，一条船！”

一使者上。

凯　他们在嚷什么?

使者

城里是万人空巷了；男女老少
全涌上滩头，一齐叫嚷着“一条船！”

凯　但愿来的正是新任的总督。

〔内鸣炮一声。

绅士乙

听，他们在那里鸣放礼炮呢。
至少是友军。

凯　就有劳先生去看看，
回头告诉我们究竟是谁到了。

绅士乙

遵命。　〔下。

蒙　好副帅，请问主帅已经结婚了吗?

凯　婚姻绝美满，他娶得了一位佳人，
才貌出众，超过了任何夸耀，
任何生花的妙笔也难以形容，

天生就一副丽质，叫任何恭维

都白费气力。

绅士乙上。

怎么样？究竟是谁到了？

绅士乙

是一位名叫亚果的，将军的旗官。

凯　他倒是一帆风顺，后来先到了。

哪怕奔腾的大浪、咆哮的大风，

哪怕嶙峋的礁石、凝聚的沙堆，

当奸细埋伏了陷害无辜的船舶的，

也好象认识美丽，一时都收敛了

它们凶恶的本性，安然放过了

神圣的玳丝德摩娜。

蒙　这是哪一位？

凯　我讲到的那一位，我们统帅的统帅，

托付给勇敢的亚果护送前来的，

他们到达的时间，比我们预计

要快一星期。老天爷保佑奥瑟罗，
请就吹口气，吹鼓他的船帆，
让他的军舰早光临这个港湾，
兴冲冲投入玳丝德摩娜的怀抱，
重新鼓舞我们消沉的士气，
叫整个塞浦路斯得到宽慰！

玳丝德摩娜、亚果、爱米丽亚、洛德里科及侍从上。

看啊！
海船载来的奇珍异宝上岸来了！
塞浦路斯人，你们向她下跪吧。
欢迎，夫人！祝愿上天的福泽
回护在你的前后、你的左右，
毫不疏忽！

玳　谢谢你，英勇的凯西奥。
你说，我的丈夫有什么消息？

凯　他还没有到达；我仅仅知道
他是平安的，很快也就会到了。

玳　我可担心呀！你们怎么失散的？

凯　大风大浪搅得要天翻地覆，

把我们彼此隔断了。

〔内："一条船，一条船。"

可是听。一条船。

〔内一声炮。

绅士乙

他们向城堡鸣放了一声礼炮。

这也是一条友舰。

凯　去探听一下。

〔绅士乙下。

好旗官，欢迎你。

〔对爱米丽亚〕

欢迎，我的大嫂！

好亚果，请你千万不要见怪，

我讲礼貌。我按熟悉的规矩，

总得这么样大胆行一个礼节。〔吻爱米丽亚。

亚　老兄，要是她给你尝够了嘴唇，

就象她平常用舌头狠狠对付我，

你可受不了。

玳　她可是寡言少语的！

亚　说实话，太会饶舌了。
我每次想要睡觉，总发现如此。
当然，我承认，在夫人面前
她会有所收敛，把舌尖缩回去，
就在肚子里骂人。

爱　你不能这样冤枉我。

亚　得了，得了！你们出门象图画，
坐在客厅里象银铃，进厨房象野猫，
伤害起人家来象圣徒，冒犯了做魔鬼，
管家务最儿戏，上了床最一本正经。

玳　哎呀，呸，你这个毁谤专家！

亚　是真话，我不是土耳其人，实话实说。
你们是起来游戏，上床工作。

爱　我不要你写诗赞美我。

亚　不，我才不。

玳　要是你得赞美我，你要怎么写？

亚　啊，好夫人，别那样叫我为难吧，

我只会吹毛求疵，什么也不成。

玳　来，试试看。——可派了谁去港口了？

亚　派了，夫人。

玳〔自语〕

我并无豪兴；只是得假装如此，

以免流露我掩饰在心里的真情。

〔对亚果〕

得，你怎么赞美我？

亚　我正在绞脑汁；我的灵感贴脑门，

就象一团粘鸟胶粘住了房檐，

撕开来就会脑浆直流哩。幸好

我的诗神用功，她这样念了：

要是她既漂亮又聪明，才貌出众，

貌供人享受，才留自用。

玳　说得好！要是她长得黑而聪慧呢？

亚　皮肤长得黑，头脑却是机灵，

黑妞会找到小白脸匹配成亲。

玳　愈说愈不成话了。

爱　要是美丽而愚蠢呢？

亚　世界上美丽的女人决不会愚蠢，
　　再胡调也会给人家养子添孙。

玳　这些是老掉牙齿的打油诗傻话，只能在酒馆里哄傻子们听了笑笑；你能把一个又丑又傻的女人挖苦几句吗？

亚　别小看人家那么丑又加那么傻，
　　一样会耍得了美人才女的丑戏法。

玳　啊，好无知呀！你倒把最差的夸赞得最好。要是碰上一位值得称道的女人——贤慧到直叫最厉害的毒嘴也不由不恭维的，你又能怎样赞美她呢？

亚　你看她一向姣好；却从不骄傲；
　　灵嘴利舌，却从不嚷嚷闹闹；
　　有钱花，却从不打扮得花枝招展；
　　不追求什么，尽管都可以如愿；
　　一旦惹恼了，尽可以随时报复，
　　却甘受委屈，有气也马上消除；
　　头脑清醒，从不把算盘瞎打，

---

137 “胡调”（原文 folly）据说（威尔孙、里德雷）有双关意，“胡涂”与“乱来”。

枉抛鳕鱼头去换麻哈鱼尾巴；
善于思考，而从不泄露心计；
追求的紧跟，不回头理人家一理：
果真有这样的女子，那就配得上——

玳　干什么？

亚　喂喂一群小傻瓜，管管伙食账。

玳　收尾多泄气，多叫人扫兴啊！爱米丽亚，你别听他教诲，虽然他是你的丈夫。凯西奥，你说怎样？他说话训人可不是最恶俗、最放肆吗？

凯　他说话直爽，夫人。你看他军人本色，不理他卖弄文采，就会喜欢他了。

亚　〔旁白〕他捏弄她的手心。对，好得很，咬耳朵说话！我用这么小的一点蜘蛛网可以抓住凯西奥这么大的一只苍蝇。对，向她微笑，笑吧！我要把你献殷勤的一套做成害你自己的圈套。你说得对；是这样，真的！当心这些小花招会

152　关于本行原文，学者解释，聚讼纷纭，即从字面讲，鳕鱼头与麻哈鱼尾巴，孰较珍贵，亦成问题。此处译文据吉特立其沿旧说之一，意为用便宜鱼的最好部分换珍贵鱼的最差部分，亦即弃朴实而求奢靡。威尔孙持“鳕鱼头”为蠢货之说，解释为：嫁了蠢材，不另求漂亮的外遇。

剥夺你的副将头衔，你还是少吻吻你的三个指头——此刻你又准备好扮你大少爷的派头！很好！吻得好！出色的礼貌！真的，不错。又把你的手指放到你的嘴唇上了？但愿这些是给你自己用的灌肠器才好！

〔内闻号角声。

摩尔人来了！我听得出他的军号声。

凯　果真是。

玳　我们去迎接他。

凯　看，他来了！

奥瑟罗及侍众上。

奥　我的女英雄啊！

玳　　　　　　　　我最亲爱的奥瑟罗！

奥　看见你居然比我先到了这里，
真叫我又惊又喜。我真高兴啊！
倘若风暴后都会有这样的宁静，

167　吻三个指头，是旧时流行的有教养廷臣对淑女的礼貌，意大利式，虽普通，却已受世人嘲笑。

愿大风刮下去，直刮到把“死亡”都唤醒！
让颠颠簸簸的大船爬上浪头山，
奥林匹斯一样高，再象从天上到地底
一落千丈吧！要是现在就死，
那就死得最愉快了；因为我担心，
我的灵魂得到了极对的幸福，
在茫茫不测的命途上不再会有
另一番同样的欢乐了。

玳　　愿上天不许，
只许我们的情爱和欢乐随时间
一天天增长！

奥　　心愿如此，神明！
这种幸福真叫我无法形容；
嘴堵在这里了；欢乐塞得太满了。
来一个，再一个，我们两颗心就只许

〔两人亲吻。

发这个最大的噪音。

亚〔旁白〕　　现在倒调得好！
可是我偏要捏松谐和的栓子，

老实不客气。

奥　　　　　　　　来，我们进城去。

朋友们，好消息！仗完了；土耳其人淹死了。
我们岛上的老朋友这一向可好？——
宝贝，你在塞浦路斯会大受欢迎；
我发现岛上人待客都十分热情。
啊，心肝，我为了自己的幸福，
唠叨得太不象话了。好亚果，我请你
去港口把我船上的箱子取出来。
把船长也就一块儿带来城堡。
他是个高手，他的本领叫谁也
不能不佩服。来吧，玳丝德摩娜，
又在塞浦路斯团聚了。

〔齐下，仅留亚果与洛德里科。

亚　〔对下台一侍从〕你就去港口等我。〔对洛德里科〕过来。你要是勇敢的（人家说小人物爱上了女人也会变大丈夫呢），你就听我说。副将今晚上在警戒台值夜。首先我得告诉你：玳丝德摩娜显然爱上了他。

洛　爱上了他？啊，这不可能。

亚　用你的手指掩着嘴，用你的灵魂听我的吩咐。你看她最初爱上了摩尔人，何等火热，却只因为人家对她乱吹牛，对她讲许多荒诞不经的谎话；她为了人家能夸海口，会永远爱下去吗？你心里明白，就不会这样想。她总得享享眼福；看看那一副鬼脸，她会有什么舒服？玩了一阵也就腻了，为了再点燃欲火，就得尝新，另开胃口，就得挑长相漂亮、年龄相仿、仪态相当的，摩尔人在这些方面就一无可取。好，缺少了这些必需的条件，她会感到自己误用了柔情，开始伸脖子作呕，憎恨摩尔人。天性自然会开导她，驱使她作另外的选择。好，老兄，这一点既然无可争议了（本来是最明显不过、不用申说的），那么，谁比得上近水楼台的凯西奥占尽优势呢？一个能说会道的家伙；他一举一动，一言一语，讲斯文，讲礼貌，别无用心，无非装装样子，好满足他最见不得人、最放纵的淫欲。谁也比不上他！谁也比不上他！一个油滑机灵的家伙；眼睛尖，最会钻空子，到处占得到便宜，尽管并没有不招自来的真便宜；一个坏透的家伙！此外，这家伙又漂亮又年轻，不懂事的痴心女子追求的一套货色，他一身都齐备。一个十足是害人不浅的坏蛋！而那个女人早已看中了他了。

洛　我不相信她会这样。她一身具备了天生纯洁的好品质。

亚　去你的“纯洁”什么的！她喝的酒也是葡萄酿的。真要是“纯洁”什么的，她当初就不会爱上了摩尔人。“纯洁”什么的，不值半分钱。你没有看见她捏弄他的手心吗？没有注意到这个吗？

洛　我看见了；可是那无非出于礼貌。

亚　调情，我敢说。无耻念头和荒淫历史的开篇和不可告人的序幕。他们的嘴唇凑得这么近，两个人的气息先就拥抱在一起了。恶毒的心思啊，洛德里科！这种勾搭一开道，紧接着就有好戏，结局还不是肉体结合？呸！可是，老兄，你得听我的支配，究竟是我把你从威尼斯带来的。今晚你也去站岗；站岗的命令，我给你去搞。凯西奥不认识你。我不会离开你很远。找机会激怒凯西奥，或者大声说话，或者不理他的军令，或者见机行事，随意去捣乱也行。

洛　好。

亚　老兄，他性子急，脾气暴躁，说不定会拿棍子打你。惹他来打你，他一动手，我就会煽起塞浦路斯人暴动，那就无法安静下来，除非把凯西奥撤职。这样你就会有捷径可走，我可以想方设法，叫你早日如愿；要不是顺利搬开了这块绊脚石，我们就休想抱什么指望。

洛　我一定干，只要我能有机会。

亚　我可以担保。回头在城堡那里再碰头。我得去把他的行李取上岸。再见。

洛　再见。　〔下。

亚　凯西奥爱她，这一点我深信不疑；
她爱凯西奥，这想来也大有可能。
摩尔人（尽管向来叫我受不了），
倒是有谊重情长的高贵品质，
我敢信他一定会做玳丝德摩娜的
最挚爱的丈夫。唔，我可也爱她呢；
并非纯出于兽欲（虽然我可能
该受和这点罪孽同样重的指责），
多半倒是为了我好报仇出气，
我总疑心这个摩尔人色鬼
跳上了我的位置；这一转念
就象毒药在我的肚子里乱咬；
什么也消不了我的深仇大根，
除非我跟他抵消，老婆换老婆；

即使做不到这样，我定叫摩尔人
至少要大发醋劲，大烧妒火，
叫理性再也救不了。为此目的，
要是这个威尼斯蠢材，我一再
制止过他蠢动的，现在倒是顶用呢，
我就抓住了迈开尔·凯西奥的要害，
马上找摩尔人，肆意说他的坏话
（我怀疑凯西奥也给我戴了绿头巾），
正好叫摩尔人感激我，宠我，报答我，
使他做了骇人听闻的大蠢驴，
把他捉弄到失去了心平气和，
直到发疯。有主意了，还有点模糊。
毒计要到用出来，才面目清楚。〔下。

第二场　街头。

传令官持告示，人众随后上。

传令官　高贵威武的大将军奥瑟罗有令：今有确实的军情传来，土耳其舰队全部覆灭，为此全岛军民，同志庆祝，跳舞，放焰火，各随己意，欢娱尽兴。此为特庆胜利，亦为将军新婚吉日志喜。将军乐为宣告：公家仓廪一律开放，从此刻下午五点起，至钟鸣十一下，特准纵情宴乐。愿上天保佑塞浦路斯岛和我们高贵的将军奥瑟罗！

〔齐下。

第三场　堡中一大厅。

奥瑟罗、玳丝德摩娜、凯西奥及侍从上。

奥　好迈开尔，今夜就请你负责警戒。
我们要提高警惕，适可而止，
逢场作戏，热闹里也不要出纰漏。
凯　亚果已经奉命去安排调度，
虽然如此，我还是要亲自前去，

以防万一。

奥　　　　　　亚果是最诚实不过的。

迈开尔，晚安。明天请你一早

就来找我去谈话。——来吧，我爱。

盟誓成交了，就得让开花结果，

丰美的实惠正要来眷顾你我。——

晚安。

〔奥瑟罗与玳丝德摩娜及侍从下。

亚果上。

凯　欢迎，亚果。我们该去巡夜了。

亚　还早呢，副将，还不到十点钟。我们的将军这么早就撇下了我们，去和他的玳丝德摩娜寻欢作乐了。也怪不得他，他还没有跟她欢度过一夜，而她是够叫神仙也动心的风流孽种。

凯　她是优雅绝伦的大家闺秀。

亚　我敢担保说，最会耍花样。

凯　她实在是娇嫩的如花美眷。

亚　好一对媚眼！总是在挑逗人。

凯　眼睛固然可爱，我认为十分庄重。

亚　她说起话来，不是要叫人灵魂出窍吗？

凯　她实在完美无瑕。

亚　好，祝他们床笫间如鱼得水吧！来，副将，我这儿有一瓶酒，外边有两三位塞浦路斯好汉子愿意为黑将军干一杯。

凯　今晚不喝了，好亚果。我一喝酒就头昏脑胀。我但愿应酬助兴另有什么新发明才好。

亚　噢，都是我们的朋友。就只喝一杯！我就给你干吧。

凯　今晚我已经喝了一杯，还是偷搀了水的；可是你看我已经醉成这个样子了。我担心我不中用，不敢再出丑了。

亚　什么，汉子！现在正是狂欢的夜晚。这几位豪客非得要喝酒不可。

凯　他们在哪儿？

亚　就在门口。我求你请他们进来吧。

凯　好，可是我实在不乐意。　〔下。

亚　现在只要我能够再灌他一杯酒，

加上今晚他已经喝过的一杯，

他就容易冒火，动不动就吵架，

就象小姐的一条狗。傻洛德里科，
相思病早已经害得他神魂颠倒，
今晚为玳丝德摩娜已经干了几大杯，
拼得个烂醉如泥，他得去站岗。
三个塞浦路斯小伙子，血气旺盛，
荣誉心非常强烈，一点也碰不得的，——
这个尚武的岛上典型的人物，——
今晚我已经用酒把他们灌胡涂了，
他们也去站岗。现在我就得叫
凯西奥在这群醉汉中间闹乱子，
激起全岛的公愤。

凯西奥、蒙太诺、众绅士及仆从持酒上。

他们都来了。
只要结局正拍合我的心窍，
我就会一帆风顺，水涨船高。

凯　老天爷，他们已经灌了我一满杯了。

蒙　天晓得，只是一小杯罢了；还不到一斤，我是个军人，决不胡说。

亚　喂，来酒！

〔唱〕

大家来碰杯，当当叮叮，
大家来碰杯，响叮叮。
当兵的是好汉，
人生呀太短，
那就让军人呀开怀痛饮。

伙计们，来酒！

凯　老天爷，倒是挺有意思的一支歌！

亚　我从英国学来的，他们那里喝酒真有了不起的劲头。管你们什么丹麦人、德国人、大肚皮荷兰人——喝呀，嗨！——比起那些英国人来都不在话下。

凯　英国人就那样会喝酒？

亚　他们跟人家对喝起来，轻而易举把丹麦人弄得烂醉；不费什么劲，叫德国人输得不成话；害得荷兰人直呕吐，还不等给你斟满第二杯哩。

凯　为我们将军的健康干杯！

亚　我奉陪，副将，不少你一滴。

亚　啊，可爱的英国！

〔唱〕

斯悌芬真是个英明天子；
　新裤子只化了一个克郎，
他还嫌贵了六个便士，
　就骂裁缝是骗人的流氓。
人家是世界闻名的人物，
　你是穷小子，还讲究干吗？
人家不挥霍，怕耗尽国库；
　你就披披旧大衣也罢。

来酒，喂！

凯　老天爷，这支歌比那支更妙。

亚　你想再听一遍吗？

凯　不，我认为他这样干，有失身份。唔，上帝就在大家的头上；有些灵魂一定能得救，有些灵魂决不会得救。

亚　一点也不错，好副将。

凯　就我而论，我无意冒犯我们的将军或任何有地位人士，我希望得救。

亚　我也希望，副将。

凯　不错，可是，恕我老实说，你不会在我的前头。副将比旗官先得救。别再谈这个了；我们去值班吧。愿上帝宽恕我们的罪孽！各位大人先生，我们去照管正经差使吧。大人先生，别以为我喝醉了。这是旗官。这是我的右手，这是我的左手。现在我不醉了。我站得住，挺好的；我说得清，不也是挺好吗？

众　好极了。

凯　啊，那么真好了。你们千万别当我喝醉了。　〔下。

蒙　上警戒台去，大爷们！来，我们去值班。

亚　大家看看出去的这个家伙。
论军人架势，配追随恺撒的左右，
发号施令；可是看看他发酒疯吧。
他的毛病就抵销了他的长处，
恰好是半斤对八两。真可惜他了。
我担心奥瑟罗对他的充分信任，
有朝一日，出于他一时胡涂，
会害了全岛哩。

蒙　难道他常常会这样吗？

亚　他睡觉以前总要闹这么一场。

他会睁大眼看时钟转上一昼夜，
要没有酒来扶他的摇篮。

蒙　　　　　　　　最好
给将军提醒一下这一种情况。
也许他不知道，或者他生性宽厚，
只看重凯西奥表现出来的长处，
忽略了他的缺点。是不是这样？

洛德里科上。

亚　怎么了，洛德里科？
我吩咐你千万要钉住副将呀，去！

〔洛德里科下。

蒙　实在太抱憾了，高贵的摩尔将军，
竟然叫染上了恶习的这样一个人
担任了他的副手这样的职位。
坦率跟摩尔将军说一说，该算得
光明正大呀。

亚　　　　　　我不干，把这块宝岛

送我也不行！我跟凯西奥很好，

尽力治好他才是。

〔内呼救声：“救命！救命！”

可是听！闹什么了？

凯西奥追逐洛德里科上。

凯　混帐，你这个坏蛋！你这个流氓！

蒙　什么事，副将？

凯　一个坏家伙居然教训我守规矩！我要打得他缩进乌龟壳！

洛　打我？

凯　你还顶嘴，下流坯？　〔打洛德里科。

蒙　好副将，千万请住手！

凯　放手，大爷，当心我打破你脑袋！

蒙　得，得，你醉了。

凯　醉了？

〔二人对打。

亚　〔旁白，对洛德里科〕

快走，听我说，出去喊出事了，不好了。

〔洛德里科下。

不行，好副将！天哪，各位大爷，
帮帮忙！——副将——老兄——蒙太诺——老兄
帮一手，弟兄们！——这一场值夜真妙啊！

〔警钟声。

谁已经乱打起钟来了，该死，哎呀！
全城要闹翻了。天哪，副将，住手！
你从此要丢尽脸了。

奥瑟罗及侍众持刀剑上。

奥　　　　出了什么事了？
蒙　混帐，我血流不止。我受了致命伤。
奥　谁要活命的都给我住手！
亚　住手！副将——老兄——蒙太诺——大爷们！
　　你们把身份和职司全都忘了吗？
　　住手！将军在说话哪。真可耻，住手！
奥　啊呀，怎么了？怎么搞成这样的？
　　上天歼灭了土耳其舰队，难道

我们变土耳其人了，要这样毁我们自己？
基督徒该知羞啊，别学蛮人的胡闹；
谁再动手、挥刀使剑来逞凶，
谁就是轻生，一动就叫他送命！
停止打吓人的警钟！它把全岛人
都给吓胡涂了。弟兄们，究竟是什么事？
诚实的亚果，你看来痛心得要死，
讲吧。是谁开的头？我命令你效忠。

亚　我也说不清。刚才还都是好朋友，
说话投机，亲密得象新郎新娘
就要宽衣上床呢；刚才，忽然间，
（好象什么恶星宿搞疯了大家）
剑都出了鞘，直刺彼此的胸膛，
要拼个你死我活。我实在说不清
这一场胡闹究竟是怎样开的头，
但愿我在光荣的战场上丧失了
这双腿；不叫送我来看这个场面！

奥　迈开尔，怎么你这样忘乎所以呢？

凯　请将军恕我死罪。我不能说什么

奥　尊贵的蒙太诺，你向来温文尔雅；
你年纪青青就举止庄重严肃，
是世界闻名的，高明的社会贤达
说起你，都众口交誉。究竟为什么
把你自己的名声随便糟蹋到
这一个地步，硬换取一个恶名，
让人叫深夜闹事的酒鬼？回答我。
蒙　尊贵的奥瑟罗，我受伤到这么严重。
你的旗官亚果能给你讲清楚，
我说话都感到刺痛，请就免了我
讲我所知道的；我也一点不明白
我今晚说错了什么，做错了什么，
除非有时候顾自己也算是毛病，
受到暴力横加迫害的时候
自卫也算是犯罪。
奥　　　　　　　　啊呀，我的天，
我的血性开始不听控制了，
我的怒火迷糊了我的理智，
眼看要自作主张。只要我动一动，

举一举这一条胳臂，管你们谁最强，
谁也会在我的一怒里送了命。告诉我
这一场骚动是怎样来的，谁引起的；
谁要是证明了该担当这桩罪责，
即使是我的亲兄弟，同我是双胞胎，
也休盼我手下留情。真岂有此理！
这个战时的城里，人心还未定，
居然发生私人间内部武斗，
而且在深夜，就在警戒台现场！
这太荒唐了。亚果，是谁开的头？

蒙　如果有所偏袒，或者看同僚面子，
你的报告有半分失实的地方，
你就不配算军人！

亚　　　　　　　　不要太逼人了。
我宁愿叫我的舌头从嘴里割掉，
也不愿让它得罪了迈开尔·凯西奥。
可是我回头再一想，就讲老实话
也不会伤害他。事情是这样，将军；
蒙太诺和我自己正在谈话，

有一个家伙冲进来直喊救命，
凯西奥从后边追来，狠狠举了剑，
定要刺杀他。将军，这位大爷
跨出去拦住凯西奥，请他住手，
我自己去追那个叫喊的家伙，
生怕他的叫嚣会把全城人
惊慌了（象现在这样）。他可跑得快，
我没有赶上；我就赶快回来，
因为我听见这里剑碰剑直响，
凯西奥高声咒骂，直到今晚
我还从不曾听见他这样骂过人，
一会儿我赶到，就看见他们在拼剑，
难解难分，就象你刚才亲见到，
亲自喝开他们时候的那样子。
我能报告的，就只是这点情况；
人总是人，最好人也难免胡涂一时。
虽然凯西奥对他小有失手，
（人在火头上会亏待好意相劝人）

216　本行译文出格，多一顿（拍）。

我深信那个逃跑的家伙一定是
给了凯西奥什么极大的侮辱，
直叫他忍无可忍了。

奥　　　　　　　　　　　　我知道，亚果，
你出于诚实和义气把事情说轻了，
有意给凯西奥开脱。凯西奥，我爱你，
可是你再也不能当我的部将。

玳丝德摩娜及侍众上。

请看连我的爱妻也给闹起来了！
我要拿你作一个榜样。

玳　　　　　　　　　　　　　什么事？

奥　现在没有事了，我爱；放心去睡吧。
〔对蒙太诺〕
大爷，你的伤，我自己给你照料。
扶他走。

〔蒙太诺被扶下。

亚果，你细心去巡视一下街市，

叫大家不要为这场吵闹惊慌了。

来，玳丝德摩娜。从军的常这样，

睡得正香呢就闹醒，惊听到刀剑响。

〔除亚果与凯西奥外，齐下。

亚　怎么，你受伤了，副将？

凯　是呀，怎样也医治不好了。

亚　得了，上帝会保佑！

凯　名誉，名誉，名誉！噢，我名誉扫地了！我丧失了自己不朽的部分，剩下就和禽兽的没什么差别了。我的名誉啊，亚果，我的名誉啊！

亚　我是个老实人，本来还以为你受了点皮肉的伤痛。比起名誉来，这倒还紧要。名誉是一种无聊的最靠不住的随意赏赐；往往得来全不凭功德，失去又不是咎由自取。你根本没有失去什么名誉，除非你自以为失去了。什么，老兄，要重新博得将军的欢心，有的是办法。他不过一时气恼才把你革了职。这个惩罚不是存心跟你过不去，是一种手段，好比杀鸡给猴子看，再向他求求情，他也就罢休了。

246　原文："打打无辜的小狗，吓吓不驯的雄狮"。"打狗吓狮"这类话，在当时西欧，已是谚语。

凯　我宁愿求他唾弃我，也不愿叫那么下贱、那么发酒疯、那么胡闹的一个军官去欺骗这样好的一位统帅。醉酒！说胡话！争吵！吹牛！咒骂！跟自己的影子瞎扯淡！看不见的酒的精灵啊，要是你还没有名字，就叫你“魔鬼”吧！

亚　你拔剑追赶的那个家伙是什么人呀？他对你干了什么？

凯　我不知道。

亚　可能吗？

凯　我记得一大堆事情，可是哪一桩也记不清楚；只记得吵了一场，不记得为了什么。天晓得，人竟会让敌人进嘴里偷去自己的头脑！我们竟会用吃喝笑闹把自己变成了禽兽！

亚　啊，你现在可清醒了。你怎样恢复过来的？

凯　就是叨光醉鬼让位给了气鬼。一种缺点让我看清了另一种缺点，使我完全鄙视了自己。

亚　算了，你是个道学先生，太跟自己过不去了。按此时此地、当前形势讲，我衷心希望没有发生过这回事；但是事已至此，你为自己想想补救办法吧。

凯　我要是去求他恢复我原职，他会对我说我是个醉鬼！即使我象九头海德拉一样的有好几张嘴，这么一句回答就会把

264　海德拉，希腊神话中的九头蛇怪。

我的嘴全堵住了。现在是个有头脑人，一会儿就成了个傻瓜，一转眼马上就变成个畜生了！每一杯酒一过量，就受天谴；内容就是魔浆。

亚　得，得，好酒，喝得适量，就是个好知己。别再骂它了。好副将，我想你认为我是爱顾你的不是？

凯　我已经切身体会到这一点了，老兄。我不是醉过吗？

亚　任何活人都可能喝醉一时，你自然也难免，汉子。我教你怎么办吧。我们统帅的夫人现在更是统帅了。我可以这样说，因为他不由自主，一心只关怀、注意、欣赏她的才艺和风采。你就跟夫人坦白认错。求她帮助你官复原职。她秉性这么慷慨，这么仁慈，这么随和，这么善良，她替你出力，不超过你的要求，就自认有亏她的美德。你跟她的丈夫之间有了这一点裂痕，你就恳求她替你弥合吧；我敢拿我在人世间所有的和有指望得到的财产来跟值得一提的任何赌注赌一个输赢，保证这个裂缝一平复，原有的交情会更加牢固多了。

凯　你给我出了好主意。

亚　我发誓，这是出于友好的真心实意。

凯　我一点也不怀疑；明天一早我就去恳求善良的玳丝德摩娜

替我说情。要是这一步行不通，我的前程也就完了。

亚　你说对了。再见，副将。我该去巡夜了。

凯　再见，诚实的亚果。〔下。

亚　那么谁能说我干了坏人的勾当，
我这样指点他，不是纯出于真诚吗，
想得也周到，不正是争取摩尔人
回心转意的道路吗？玳丝德摩娜
为人热心，只要你光明正大，
有求必应。她生来慷慨大度，
就好比四大原行。她也不难
说服摩尔人，连叫他背弃教义
抛弃任何得救的教规也行；
他的灵魂早上了爱情的枷锁，
她可以随心所欲的摆弄支配他，
她的任性对他薄弱的意志
充当了上帝了。那么我怎么是坏人呢，
既然顺凯西奥的愿望给他指出了
于他有利的这条路？地狱的神明啊！
魔鬼们要干穷凶极恶的罪行，

总首先摆出一副圣善的样子，
就象我现在耍的这一招。我趁
这个老实的傻瓜求玳丝德摩娜
挽救他，趁人家竭力向摩尔人说情，
正好给摩尔人耳朵里灌这副毒药——
说她是替跟她私通的男人说好话；
这样，她越是出力帮凯西奥的忙，
她越是会招致摩尔人对她的疑虑，
我就把她的洁白糟蹋成漆黑，
就利用她的好心肠结成了罗网
把他们一网打尽。

洛德里科上。

怎样了，洛德里科？

洛　我在这场追逐里一直跟到了这儿，不象猎狗打猎，只是凑凑数。我的钱差不多花光了；今夜特别挨了一顿好打；我想结果只能是——费尽心机换来一点经验；现在，丢光了钱，增长了一点头脑，回威尼斯算了。

亚　没有耐性的一路人多么可怜！
什么创伤不是逐渐才好的？
你知道我们是用智谋，不是使妖法；
智谋就得等待时机的成熟。
进行得还不顺利吗？凯西奥打了你，
你小小挂了彩就叫凯西奥革了职。
虽然在阳光里万物都欣欣向荣，
毕竟是开花在先的结果也在前。
你就安心吧。哎呀，已经是天亮了！
欢乐和热闹里时间就显得短了。
你回去；回你原来驻扎的处所去。
去吧！有什么情况，我一定告诉你。
啊，快去呀！

〔洛德里科下。

有两件事情我得做：
一定得叫我的老婆找她的女主人
也帮凯西奥说好话，我去鼓动她。
我自己暂且把摩尔人引开到一旁，

回头再让他恰好正撞见凯西奥
向他的老婆求情。真是个办法！
趁热打铁，别白白耽误了妙策。〔下。

第三幕

第一场　堡前。

凯西奥及乐师数人上。

凯　师傅们，在这儿演奏吧，我会酬劳的：

　　奏一支短曲；道一声“将军，早安！”

〔奏曲。

小丑上。

小丑　怎么，师傅们，你们是从那不勒斯买来的乐器吗，怎

1—2　旧时西俗，婚后次日，新夫妇窗前奏晨曲志喜，或如奥瑟罗一类要人莅临后次晨，同样至窗前奏曲致贺。

3—4　那不勒斯旧时与流行梅毒有联系，但也有学者不能肯定小丑此处所说，含有此意。

这样尽是用鼻孔发音？

乐师　怎么，大爷，怎么说？

小丑　请教这些是叫管乐器吗？

乐师　正是呀，大爷，正是。

小丑　难怪制造了一个活柄。

乐师　怎么制造了一个话柄，大爷？

小丑　哎，老兄，我知道许多管乐器都是这样。可是，师傅们，把赏钱拿去吧；将军非常喜欢你们的音乐，他要你们无论如何别再闹下去了。

乐师　好吧，大爷，我们就停奏。

小丑　要是你们能奏听不见的音乐，那就尽管奏下去。人家说，将军就是不怎样爱听音乐。

乐师　不出声的音乐我们可不会奏，大爷。

小丑　那就把你们的笛子，管子都收拾进袋子，我要走了。走吧，化一阵风，消失个无影无踪。

〔乐师下。

凯　你可听见，我的诚实朋友？

8　活柄，原文是 tail，在伊丽莎白时代，亦作阳物解。

9　话柄，原文是 tale，与 tail 谐音。

小丑　我听不见你的诚实朋友？我只听见你。

凯　别瞎扯了。收了这块小小的金币。要是侍候将军夫人的那位大姐起来了，请你告诉她有一个凯西奥求见她说句话。你能帮忙吗？

小丑　她起来了，先生。倘若她会出来，小的自当适时通知她。

凯　劳驾了，我的好朋友。

〔小丑下。

亚果上。

来得巧，亚果。

亚　那么你一直没有睡觉吗？

凯　当然没有。我们俩分手以前
天已经亮了。亚果，我不揣冒昧，
已经捎话给嫂子了。我想求她
疏通善良的玳丝德摩娜准许我
见她一面。

亚　　　　　我就去叫她来找你；
我还要想法把摩尔人拉过一边，

好让你们谈起事来不会有
什么不便。

凯　我衷心感谢你。

〔亚果下。

我们佛罗伦萨人
也未见有谁这样好；这样诚实呢。

爱米丽亚上。

爱　早啊，好副将！你不幸惹出了乱子，
我为你抱憾；一切可必然会好的。
将军和他的夫人正谈到这件事，
夫人还竭力替你说话呢。将军说，
被你刺伤的那位在塞浦路斯太有名，
太有人缘，出于审慎的考虑，
他只能撤你职。可是他声明他爱你，
不需要别人说情，一有机会，
看万事妥贴，凭他对你的好感，
就会重新提携你。

凯　　可是我求你，
如果你认为方便，也可以办到，
帮个忙，让我有机会和玳丝德摩娜
单独谈几句。

爱　　那就请你进来吧，
我可以带你到一个合适的地方
让你们随意谈心。

凯　　这就太感激了。

〔齐下。

第二场　堡中一室。

奥瑟罗、亚果及众绅士上。

奥　亚果，你把这些信去交给驾驶员
让他送回国为我向政府述职。
我要去视察工事，你回头就去

那里找我。

亚　　是，将军，遵命。

奥　先生们，我们去看看设防情况吧？

众绅士

自当奉陪。

第三场　堡园。

玳丝德摩娜、凯西奥及爱米丽亚上。

玳　你放心得了，好凯西奥，我一定
竭尽全力来替你跟将军说话。

爱　好夫人，千万帮他忙。我的丈夫
也为他难受呢，好象是自己出了事。

玳　噢，那是个诚实人。别担心，凯西奥，
我一定叫我的丈夫和你两个人
恢复友好。

凯　　　　　　　功德无量的夫人，
无论迈开尔·凯西奥将来怎么样，
他一定永远做你忠心的仆人。

玳　我知道；谢谢你。你确是爱我的丈夫，
你也认识他长久了；你尽管放心，
他无非在顾全大局的场合不得不
跟你疏远些。

凯　　　　　　　　是的，可是，夫人
大局也可能不得不顾全到很久，
或者有什么鸡毛蒜皮添麻烦，
或者出什么新是非，又来阻挠，
只怕人不在身边，位置给顶替了，
将军会忘了我对他的敬爱和效力。

玳　别担心这一点。当着爱米丽亚面，
我保证你官复原职。你尽管放心，
如果我发誓替朋友帮忙，我一定
帮忙到底。我丈夫休想安宁；
我不让他睡觉，讲得他忍受不了；
叫他上床是听课，吃饭是受训；

不管他做什么事，我都要插进去
替凯西奥说情。所以，凯西奥，高兴吧，
你的辩护士宁愿自己活不成，
也不愿放弃你的正当要求。

奥瑟罗与亚果上。

爱　夫人，将军来了。

凯　夫人，我得告辞了。

玳　啊，别走，听我说话吧。

凯　夫人，再说吧。我现在很不自在，
留下来只有坏事。

玳　也罢，听便。

〔凯西奥下。

亚　嘿，我可看不惯。

奥　你说什么？

亚　没什么，将军；也许——我也说不清。

奥　刚跟我爱妻分手的不是凯西奥吗？

亚　凯西奥，将军？一定不会吧，我不信

他一见你来到，就那样贼头贼脑，
赶快溜之大吉。
奥　我相信是他。
玳　你来了，夫君。
刚才正有人要我为他说情，
他把你得罪了，苦恼得六神无主。
奥　你是说谁？
玳　啊，你的副将凯西奥呀。好夫君，
你如肯看我点情面，听我点话，
那就开恩，跟他重新和好吧；
倘若他不是真心诚意爱戴你，
这次犯错误是无意，并非存心
那我是有眼不识诚实人脸了。
我请你唤他回来吧。
奥　他刚刚走吗？
玳　是呀，不错；简直象无地自容，
人走了，还留下一份悲痛的心情
叫我也难受。好亲人，唤他回来吧。
奥　目前不行，亲爱的，以后再说。

玳　能快吗？

奥　　　　　为了你，能快就快。

玳　今晚上吃饭就说定？

奥　　　　　　　　　　今晚不行。

玳　明天吃午饭时候吧？

奥　　　　　　　　　　我明天不在家

吃午饭，要去城堡会见将领。

玳　那么明天晚上吧，星期一早上吧，

星期二中午吧，晚上吧，星期三早上吧？

我请你定一个时间，可是不能

超过三天。千真万确，他悔罪了。

他的过错按理说也不算什么，

用不着处分（除非说战时的军纪，

为了作出榜样，必须把最好人

挑出来严惩。）什么时候召回他？

告诉我，奥瑟罗。我倒是扪心自问：

你对我有什么要求，我会拒绝

或者为难呢？怎么？迈开尔·凯西奥，

当初陪你来向我求婚，许多次

我说到你什么不讨人喜欢的地方，
他总是帮你说话——现在就那么
难叫他回来吗？相信我，我还有办法——
奥　别说了。他什么时候要来就来！
我什么都依你。
玳　　　　　　　　这不是求你赐恩呀。
这就象平常我请你戴上手套，
吃什么滋养的菜肴，把衣服穿暖和，
或者求你做一件对你自己
有益的事情。哼，我要是真想
试试你对我的情爱而现在求你
做一件什么事，那就得有点分量，
才叫你不好答应呢。
奥　　　　　　　　　我什么都依你！
作为还报，我现在求你答应我，
别跟我多说了，暂时离开我一会儿。
玳　我会拒绝吗？不。再见，夫君。
奥　再见，我的玳丝德。我就来看你。
玳　爱米丽亚，来。——你想怎样就怎样吧。

随你怎样，我总是什么都顺从你的。

〔玳丝德摩娜与爱米丽亚下。

奥　真好的冤家啊！我该受天诛地灭，
　　要是我不爱你！我不再爱你的一天，
　　世界又该是混沌了。

亚　尊贵的将军——

奥　　　　　　　　你说什么，亚果？

亚　将军当初向夫人求婚的时候，
　　迈开尔·凯西奥知道你们的恋爱吗？

奥　他知道，从头到尾。你问它干吗？

亚　我只是忽然想到了，就随便问一声，
　　别无他意。

奥　　　　　你怎么想到了，亚果？

亚　我原先以为他从前不认识夫人呢。

奥　认识呀，还常在我们中间奔走哪。

亚　真的吗？

奥　真的吗？是呀，真的！你看出什么了？
　　他不诚实吗？

亚　诚实，将军？

奥　诚实？是的，诚实呀。

亚　将军，我看真是的。

奥　你怎样想？

亚　怎样想，将军？

奥　怎样想，将军？天，他尽做应声虫，
好象他的想法里有点什么鬼
不好说出口。你说话是有意思的。
刚才凯西奥走开，我听见你说
你可看不惯。你是看不惯什么呀？
听我告诉你他在我求爱过程里
还一直做过我心腹，你又嚷“真的吗？”
而且让我看见你皱一皱眉毛，
仿佛你在自己的头脑里锁起了
什么难堪的想法。你要是真爱我，
亮出你的心思吧。

亚　将军知道我是爱你的。

奥　　　　　　　　　　　　我相信；

103—108　分短行，据新亚屯版、新剑桥版所采取的“第一对开本”办法。

因为我知道你是忠诚老实的，
有话不掂斤簸两不轻易出口，
你现在吞吞吐吐更叫我担心；
一个虚情假意的小人倒惯会
要这种花招的；在一个正派人场合，
这些却就是情不自禁，从心里
流露出来的隐衷。

亚　　　　　　　　迈开尔·凯西奥呢，
我敢发誓我以为他是诚实的。

奥　我也这样想。

亚　　　　　　　人应该表里如一，
做不到这样，就根本别装什么人！

奥　当然，凡是人，就应该表里如一。

亚　所以我以为凯西奥是一个诚实人。

奥　不，你还没有说。
请你老实对我讲，就象你自己
在心里琢磨，有什么最坏的想法
就用最坏的字眼。

亚　　　　　　　　好主帅，请原谅。

我有应尽的责任，自当受约束，
却也有连奴隶都不受约束的余地。
敞开思想吗？要是我想得荒唐
而且无稽，就象宫殿里有时候
也不免飞进些脏东西呢？谁的胸怀
纯洁到决不会让一些龌龊的狐疑
和完全光明磊落的正当思考
并起并坐呢？

奥　亚果，只要你总顾到他受了委屈，
让他的耳朵和你的想法无缘，
你就是陷害你的朋友了。

亚　对不住，
也许我只是胡猜（我可以坦白说，
我有个毛病，总爱从坏处看问题，
我的疑心病常无中生有挑差错）
请不要把人家还模模糊糊的瞎猜测
放在心上，相信自己的明智，
不要据人家无把握、零碎的观感，
凭空给自己制造了无端的烦恼。

为你的安静、你的利益着想，
也顾全我的人格、诚信、明智，
我不讲怎么想吧。
奥　　　　你这是什么意思？
亚　好主帅，男人也罢，女人也罢，
名誉是灵魂的最关痛痒的宝贝。
谁偷了我钱包是偷了草芥，不足道，
我的变他的，千万人手里使用过钱，
可是谁要是剥夺了我的名誉，
却使我失窃，使人家也一无所得，
我可真一无所有了。
奥　天在上，我一定要知道你的心思！
亚　不可能，即使我的心是在你手里，
何况我的心现在还归我保管哩。
奥　哈！
亚　　　噢，主帅，要当心嫉妒啊！
这是绿眼睛妖魔，吞下人以前
先要玩弄他一番。戴定绿头巾的
倒还好，安命了，不再爱给他出丑的。

可是，噢，有种人才不好过日子呢，
又疼又疑心，不放心还是拼命爱！

奥　真可怜！

亚　穷而如意就是富有，够富有了；
可是有种人老是怕有一天会变穷，
无穷的富有也就象冬天样光秃了。
老天爷保佑我这类凡胎俗骨
不怀醋意吧。

奥　　　　　　怎么，怎么说这种话？
你以为我肯过一辈子嫉妒的生涯，
老是跟月圆月缺，三番四覆，
把疑病翻新吗？不！一旦生疑，
一下子解决。我倘若按你的推测，
把我心灵的正务改成了天天作
这种肮脏、龌龊的疑神疑鬼，
就叫我变一头山羊吧！说我的妻子
漂亮啊，爱热闹啊，谈吐好，能歌善舞，
会弹琴，这都叫我吃不了什么醋。
美德齐备，这样就格外生色。

我想到自己有多少短处，也不会
生那么一丁点疑虑，担心她不忠，
她是有眼看中我的。不，亚果，
见了，我才会疑心；疑心了，就找证据；
证实了就二话不说，来个干脆——
情也罢，妒也罢，我都叫一刀两断！

亚　我听了很高兴；因为我现在有理由
用更为坦率的精神来尽我对你的
忠爱和责任。既然我义不容辞，
就听我说吧。我还谈不到证据。
当心尊夫人；看她和凯西奥相处，
好好睁眼看，不多心也不大意。
你出于天性，向来是宽宏大度，
我不愿坐看你反而受欺。当心！
我深知我们这个城邦的风气
威尼斯女人对着天演得出丑把戏，
就不敢让她们的丈夫看得见罢了。
她们不在乎事不为，只在乎人不知。

奥　你这样说话可当真？

亚　她当初把父亲瞒过了，和你结了婚；
见你面，象怕得直发抖，心里头却把你
爱极了。

奥　　　　她正是这样。

亚　　　　　　　　　　那么好，得了。
她那么年轻竟能够那么装样，
封住父亲的眼睛，不留一丝缝，
叫他老人家还当是谁使了妖法——
可是我不该了。我现在伏求你宽恕我
对你过份忠心了。

奥　　　　　　　　我永远感激你。

亚　我看这番话有一点扫了你的兴。

奥　一点不，一点不。

亚　　　　　　　　真的，我怕真有点哪。
我希望你认为我刚才所说的是出于
我的忠心。可是我看你是激动了。
我得求你千万不要把我的话
引伸出什么太大、太重的意义，
超过了一点点疑心。

奥　我不会如此。

亚　你要是那样，好主帅，
我的话就糟了，会造成严重的恶果，
违背了本意。凯西奥是我的好朋友——
主帅呀，我看你激动了。

奥　不，不怎样。
我总不相信玳丝德摩娜不规矩。

亚　但愿她永远这样好，你永远这样想！

奥　可是奇怪，人竟能违反本性——

亚　是啊，关键在这里！恕我冒昧说，
多少位少爷，同城邦、同肤色、同门第，
前来求婚竟一点也不为所动，
全不合世界上万事万物的常情——
哼！这样的口味未免不对头，
总叫人感觉到有点乖戾，不自然。
可是请原谅，我只是泛泛的发议论，
并非专指她；虽说是我也担心她
放弃癖好，恢复了一般见解，
偶尔把你和她的同乡人比一比，

或许会后悔也说不定。

奥　　再见，再见！

你以后再看出什么就让我知道。

叫你的老婆也留神。你走吧，亚果。

亚　好主帅，我就告辞了。〔将下。

奥　我何必结婚呢？这个忠厚人显然是

吐露少，看出多，知道多，还要多得多。

亚〔转身〕

我的好主帅，我但愿能求得大人

别寻根究底了。这件事以后再说。

虽说恢复凯西奥原职是应该的，

因为他当然非常称职胜任，

可是你不妨暂且搁置他一下，

借此观察他，看他出什么花样。

注意尊夫人是否为他的复职

竭力求情，再三再四不罢休。

这里就看得出不少名堂了。不过，

还是怪我出于多心，太多事了，

（我有充分理由只怕我真是的），

认夫人白璧无瑕吧，我恳求大人。

奥　别担心我会轻率。

亚　我现在再次告辞了。　〔下。

奥　这个家伙可真是非常忠实，
他极有见识，熟悉人性，精通了
人情世故。倘使她真是一只鹰，
证明了还是野的，尽管是系在
我的心头上，我要放她随风去
自己觅野食。也许因为我生来黑，
又没有风流公子的那些温文的
谈吐举止，或者因为中年了，
我要走下坡路了（这倒还不算怎么样），
她把我抛了。我受了骗了。要解脱，
惟有唾弃她。结婚真是造孽啊，
自以为得到了尤物，并没有满足
她们的胃口！我宁愿做一只癞蛤蟆，
关在一个地牢里，吸吸霉臭气，
不愿让我的心上人留下一角地
供别人享受。可也算大人物遭殃，

比起贫贱人更难享这点的豁免权。
这是不可避免的命运，象死亡。
我们一出世命里就注定要戴
这顶绿头巾。玳丝德摩娜来了。

玳丝德摩娜与爱米丽亚上。

要是她不忠，天该是挖苦自己了。
我才不相信。
玳　　怎么样，亲爱的奥瑟罗？
午餐准备停当了，你所邀请的
岛上贵宾都到了，正在等候你哪。
奥　我失迎了。
玳　　你说话为何有气无力？
你感觉不舒服吗？
奥　我的额头上有一点儿痛，这儿。
玳　真是，都因为没睡够；一会儿就好的。

287　奥瑟罗暗示额上长起角，相当于中国习称戴绿头巾；玳丝德摩娜当然不懂。

只要我替你包扎紧，不出一小时
就会不痛了。

奥　你的手绢太小了。　〔手绢落地。
随它去得了，来，我跟你一块儿进去。

玳　你身体不适，我心上替你难受。

〔奥瑟罗与玳丝德摩娜下。

爱　妙啊，我居然拾到了这一块手绢。
这是摩尔人送她的第一件礼物。
我那个顽皮的男人求过我上百次
去偷来；可是她那么爱这个纪念品
（因为她丈夫恳求她永远保存），
总把它留在身边，亲它吻它，
对它讲话。我要把图样描下来
拿去给亚果。
他要它干什么，天晓得，我可不知道，
一点也不，我只是顺他的怪主意。

亚果上。

亚　怎么样？就你一个人在这儿干吗？

爱　别老训人了；我有件好东西给你。

亚　给我件好东西？司空见惯的玩意儿——

爱　嗨？

亚　是活该我娶了个傻婆娘。

爱　噢，这就完了吗？该给我什么呢，
如还要那一块手绢？

亚　什么手绢？

爱　什么手绢？
啊，摩尔人最初送玳丝德摩娜的，
你老是叫我给你偷来的那一块呀。

亚　你终于偷到了？

爱　没有偷，真的，是她不留神掉下了，
我恰巧在这儿，就顺手捡了起来。
看，就在这儿哪。

亚　好妖精！给我。

爱　你老是一股劲儿要我偷了它来，
你要拿它干什么？

亚　那关你什么事？〔夺手绢。

爱　除非你拿去派什么重要的用场，
还给我。可怜的夫人，她会急疯的，
如果她找它不到了。

亚　你千万不要说出去；我自有用处。
去，离开我。

〔爱米丽亚下。

我要把这丢在凯西奥的住处，
让他拾到手。轻于鸿毛的琐屑
会叫吃醋人看来，象天书写下的
铁证如山。这可大有点作用哩。
我已经叫摩尔人中毒，发生了变化。
危险的想法性质上就是毒药，
初上口还不大尝得出什么怪味，
可是只要在血液里稍稍一活动，
烧起来就象硫磺矿。我早就说过了。

奥瑟罗上。

看，他来了！不管是罂粟、曼陀罗，

不管世界上任何种催眠糖浆，
都再也不能给你送来昨晚上
那样的好睡了。

奥　　　　　　　哈哈！把我欺骗了？

亚　哎呀，怎么了，将军？别再想那个了！

奥　去你的！滚开！你把我害得好苦啊！
我说呀：受欺骗，蒙在鼓里总还比
就知道一点儿的好。

亚　　　　　　　　　怎么了，好主帅？

奥　她暗里偷人，我能有什么感觉呢？
眼不见，心不想，那就伤害我不了。
我夜里睡得好，自在，高高兴兴；
我在她嘴上看不出凯西奥亲过了。
一个人挨了抢，还没有发现失窃，
就让他不知道，他就是没有挨过抢。

亚　我听了感到很不安。

奥　就算全营人，一直到工兵什么的，
都品过她香肌玉体，只要我不知道，
我还是快乐的。现在啊，都永远完了，

永别了，安宁的心境、安坦的心情！
永别了，威武的大军，化野心为雄心的
堂堂正正的战争！啊，永别了
永别了，长嘶的骏马、尖厉的号角，
惊魂动魄的铜鼓、刺耳的军笛，
迎风招展的大旗、耀武疆场的
一切威严，壮丽，辉煌的气派！
还有噢，你们伸出粗喉咙仿雷神
怒吼轰鸣，惊天动地的凶器，
永别了！奥瑟罗的事业从此完蛋！

亚　何必呢，我的主帅？

奥　坏蛋，证明我内人是一个娼妇！
定要如此；拿出目击的证据，
要不然，凭我永生的灵魂起誓，
定叫你宁愿生来不过是一条狗，
不愿惹我激起的怒火！

亚　　　　　　　　　　到这个地步了？

奥　让我亲见到；至少要斩钉截铁，
证明到没有漏洞，不生破绽，

引不起疑窦，办不到就要你的命！
亚　高贵的主帅——
奥　如果你是平白毁谤她折磨我，
再不要作祈祷，留一点良心；
骇人听闻了添骇人听闻的罪孽；
尽管干惊天地、泣鬼神的罪恶勾当，
因为你已经做绝了，再没有什么
会加重你的天谴了。
亚　　　　　　　　　　老天爷恕罪吧！
你是个好汉吗？你有灵魂、有感觉吗？——
再见了；请就撤我职！可怜的傻瓜啊，
居然把自己的诚实弄成罪过！
荒唐的世道啊！世人啊，留神，留神，
直言不讳，诚实可并不安全。
我得到了这点教训，谢谢你；从此
我不再顾朋友了，讲义气只有得罪人。
奥　慢点，不要走。你就应该诚实。
亚　我应该学聪明；诚实是一个傻瓜，
尽人情只有失人心。

奥　　　　　　　　　　上有天下有地，
我想我老婆是忠实的，又想她不是；
我想你是正直的，又想你不是。
我要证据。她的名誉，本来象
黛安娜芳容样洁白，现在玷污了，
黑得象我的脸。尽管来绳子、刀子、
毒药、火焰、令人窒息的激流，
我就是受不了这个。我要弄明白。
亚　我看，大人，你气得忘乎所以了。
我真后悔不该对你提起的。
你要弄明白吗？
奥　　　　　　　　要？嗯，一定要。
亚　也可以。可是，要明白到怎样，好主帅？
你情愿当场做见证，睁大了眼睛
看她受糟蹋？
奥　　　　　　　　该死，下地狱！噢！
亚　我想，要叫他们俩当场出丑，

390　黛安娜，希腊罗马神话中的守真月神，为阿波罗的妹妹。

可恶心，也难。他们可真该死了，
要是他们居然让人家看见
一块儿睡觉！那又怎么样？怎么办？
我还有什么好说。怎明白得了？
你怎样也无法看到这个场面的，
即使他们象骚羊一样的发情，
猴子一样的上劲，狼一样的放荡，
是放肆、胡涂的醉汉。可是，我说，
有了确凿的旁证，经过推理，
也就直接进入了真相的大门，
你自然明白了，这倒是不难办到。
奥　给我一个说明她失节的活证据。
亚　我不爱这个差使呀。
可是出于愚蠢的诚实和忠爱，
既然惹出了是非，陷得太深了，
我就说下去。最近我和凯西奥
睡在一起，因为我夜里牙齿痛，
老是睡不着。
世界上有种人魂灵那么不守舍，

会在睡梦中讲出他们的私事。
凯西奥就是这种人。
我听见他说：“亲爱的玳丝德摩娜，
我俩要小心，要瞒好我俩的私情！”
随后他就抓住我的手直嚷：
“噢，好宝贝！”接着就狠命的亲我嘴，
仿佛要把长在我嘴上的亲吻
连根拔起来；然后把他一条腿
压到我大腿上，喘气啊，亲嘴啊，随就嚷：
“倒霉的命运把你抛给了摩尔人！”
奥　该死啊！该死！
亚　　　　　　　不急，他只是做梦。
奥　可是这正是确有过什么的表现。
这是不堪的嫌疑，尽管是一场梦。
亚　说别的是无稽之谈，这可能倒象是
有点严重。
奥　　　　我定叫她粉身碎骨！
亚　不，冷静些。还没有见到事实呢。
她还可能是清白的。告诉我这一点——

你可曾看见过夫人的手里有时候
拿一方手绢，绣了草莓点子的？

奥　我送过她一块；是我的第一件礼物。

亚　我还不知道；这样的一块手绢
（想必是夫人的了）我今天看见凯西奥
拿来抹他的胡子呢。

奥　　　　　　　　真要是这样——

亚　真要是这样，或者拿她另外的什么，
加别的证据，对她就更不利了。

奥　啊，但愿贱货有四万条性命！
只一条太少了，不够我报仇泄愤。
现在我看是太确凿了。你看，亚果：
我这样把全部痴情都吹上天去。
都完了。
漆黑的报复，从地底直升起来吧！
爱情啊，把王冠和你心里的宝座
都让给残暴的憎恨吧！胀开吧，胸膛，
吐出满腔毒蛇的舌头！

亚　　　　　　　　　沉住气。

奥　血啊，血、血！

亚　忍耐些，我说。你也许会改变主意的。

奥　决不会改变，亚果。就象黑海里
冰冷的激流、滚滚而来的怒涛，
决不回落，就只顾一往直前，
直涌进马尔马拉海博斯普鲁斯峡；
我的热血也这样奔腾汹涌，
决不会回头，退缩成温顺的柔情，
直到横扫一切的血腥报复
把他们都扫光。好，大理石花纹的
苍天在上，我郑重呼吁作证，　〔下跪。
在这里发下了誓言。

亚　　　　　　　　且慢点起来。　〔下跪。
作证吧，永远照耀在上空的光亮、
八方包围我们的四大原行，
作证吧，亚果在这里郑重发誓，
尽头脑、肝胆、手脚所能，一心为
受欺的奥瑟罗出力！供他驱使！
听凭叫我作什么血腥暴行，

我都当行善。

奥　　　　　　我接受你的忠心，

不空口道谢，要全心全意来报答，

我就马上叫你去承担考验。

三天之内让我听你回话说

凯西奥不在世了。

亚　我的朋友就完蛋；

按尊命结果他。可是留女方一命吧。

奥　该死的淫妇！啊，她该死！该死！

来，我们走。我要去自己想想看，

找一个办法叫这个美貌的恶魔

马上死。现在起你就是我的副将。

亚　我当永远效劳。

〔齐下。

第四场　堡前。

玳丝德摩娜、爱米丽亚及小丑一人上。

玳　劳驾，你可知道凯西奥副将在哪儿住家？

小丑　我可不敢说他在哪儿作假。

玳　什么，伙计？

小丑　他是个军人；谁要说一个军人作假，就是白刀子进红刀子出，非同小可。

玳　去你的。他在哪儿住宿？

小丑　告诉你他住在哪儿，就是我假在哪儿。

玳　这是什么意思呢？

小丑　我不知道他住在哪儿；我要捏造个住处，说他在这儿住家，在那儿住家，那我就是存心说假话了。

玳　你不能探听明白吗？

小丑　我要踏遍世界，耳听八方去查明他；就是问大家，据外调所得来回复。

玳　找他去，叫他到这儿来。告诉他我已经替他向将军说过情了，有指望一切平安无事。

小丑　这倒是人力所及的；我就去试试看。　〔下。

玳　在哪儿我丢了这手绢的，爱米丽亚？

爱　我也不知道，夫人。

玳　相信我，我宁愿丢了我的钱包，

装满了金币的；幸亏我这个摩尔人，
正直，大方，没有爱妒忌的小人
那种狭隘的心眼，否则也足够
叫他存不好的想法了。

爱　他不会妒忌吗？

玳　谁？他？我想他在出生地
让阳光把这种气质都吸去了。

奥瑟罗上。

爱　他来了。

玳　我这下不放过他了，除非他马上
把凯西奥招回来。——你现在可好了，好夫君？

奥　好，好夫人。
〔旁白〕
噢，装假可难啊！——
你怎样，玳丝德摩娜？

玳　好，好夫君。

奥　让我握握手。手心是滋润的，夫人。

玳　它还不感到衰老，不懂得忧伤呢。

奥　这表明花繁果多，慷慨大方，

热乎乎，热乎乎，湿滋滋。你这手要求你

好好节制欲念，要斋戒，要祈祷，

要多多苦修，要多多潜心敬神，

因为这里有一个出汗的小鬼，

往往会捣乱的。这是一只好手，

开放的痛快手。

玳　　　　　　　　你真可以这样说，

正是它把我的心都送给你的呀。

奥　开放手！过去是心连手一起给；

可是现在兴这套：只交手，不交心。

玳　这可是扯远了。得，你的诺言呢？

奥　什么诺言啊，乖？

玳　我叫人去请凯西奥来跟你谈谈了。

奥　我感冒，老淌眼泪；怪不舒服。

30　手心湿，传说表明欲火旺，也表明强壮。

借你的手绢使一使。

玳　　拿着，亲人。

奥　要我给你的那块。

玳　　我没带在身上。

奥　没带？

玳　　真没有，亲人。

奥　　这就不对了。

那块手绢
是一个埃及女人给我母亲的。
那是一个魔法师，差不多看得透
人家的心思。她告诉母亲带身上，
会显得姣好，叫我的父亲拜倒，
一心钟爱她；可要是把它丢失了，
或者送人了，那我的父亲一见她
就会生厌，会出去寻花问柳，
另觅新欢。母亲临死给了我，
嘱咐我，将来不管我跟谁结婚，
就送给新娘。我这样做了；要当心，
珍惜它就象你自己宝贵的眼珠。

丢失了或者送人了，那就要闯大祸，
成万劫不复的千古恨。
玳　　　　　　　　　　　竟会是这样的？
奥　是真的。手绢的织成经历过法术。
一个女先知，花了多少心血，
细数过太阳绕行了两百周年，
等神灵来了，才绣好手绢的花纹；
用的丝线是超凡的蚕儿吐的；
着色是用多少处女心汁液里
精炼出来的颜料。
玳　　　　　　　　　　真的？真这样吗？
奥　千真万确。所以要把它当心好。
玳　那但愿上帝从不曾叫我看见它吧！
奥　哈！为什么？
玳　你说话为什么这样子焦急不安？
奥　它丢了？不见了？说，还是找不着了？
玳　天保佑我们！
奥　你说什么？
玳　没有丢失。可是万一真这样了呢？

奥　怎么？

玳　我说没有丢。

奥　　　　　　那就拿来，给我看！

玳　啊，我可以；只是我现在偏不。
　　这是耍花招，推拒我的请求。
　　请你让凯西奥重新受到任用吧。

奥　给我把手绢拿来！我放心不下。

玳　得了，得了！
　　你再也找不到比他能干的人才了。

奥　手绢！

玳　　　　还是请你跟我谈凯西奥吧。

奥　手绢！

玳　　　　他这个人呀，一直追随你，
　　拿你的赏识作为他前程的寄托，
　　和你共患难——

奥　手绢！

玳　说真的，可要怪你了。

奥　滚开！　〔下。

爱　这个男人不是吃醋了吗？

玳　我从未见过他这样。
看来这块手绢确有些法力。
我把它丢失了，可真叫我难受啊。
爱　一两年功夫难认出男人的本色。
他们无非是胃口，我们只是肉，
他们把我们狼吞虎咽了，饱了，
就吐了。

亚果与凯西奥上。

看，凯西奥和我的男人。
亚　再没有办法，只有请她出马。
哎呀看，真是好运气！正好去求求她。
玳　怎么样，好凯西奥。你来可有什么事？
凯　夫人，还是提原先的请求。我求你
施行得力的援救，好使我起死
回生，重新受到他一份眷顾，
得以用一片虔敬的忠心来为他
全力效劳。我不能再挨受下去了。

说我的过失大到了不可救药，
无论过去的功绩、现在的悲痛、
将来立功的决心，无论怎样，
都不能赎回我受之于他的恩宠，
就只让我知道了也是对我好。
我就死心了，强披起要命的衣裳，
裹胁自己，另走狭隘的小道，
去碰运气了。

玳　　　　　　唉，温文的凯西奥，
我现在说话已经叫人不爱听了。
丈夫不是丈夫了；人都会难认呢，
倘使他面貌也跟着脾气变了。
但愿每一个神祇都来帮一手，
我已经竭尽全力为你说了情，
说得毫无顾忌，把他冲撞了，
碰了钉子！你只好再忍耐一下
我能办都办；比我胆敢为自己
还要出力。你就到此为止吧。

亚　将军生气了？

爱　　　　　　　他刚从这里走开，
显然是烦躁得出奇，不比平常。
亚　他是发怒了吗？我曾经看见过大炮，
把他的队伍直轰到满天飞扬，
象魔鬼一样的就从他的臂弯里
轰开他的亲兄弟——他是发怒了？
那就不简单。我马上就去找找他。
他果真发怒了，那一定是出了什么事。
玳　请去吧。一定是什么国家大事
从威尼斯来的，或者是什么阴谋，
还没有成熟，在这儿塞浦路斯发觉了，
搅乱了他的清明神志；一个人
在这种情况下，往往为小事生大气，
虽然针对的是大处。也就是这样；
一个手指头一痛，它就引起了
一个人身体别一些好好的部分
同样难受。不能把男人当天神，
也不要盼他们天天象新婚之夜
那样的体贴。怪我吧，爱米丽亚，

我太不漂亮，太不配称什么女英雄，
竟会在内心的法庭上控告他无情，
我现在明白倒是我卖通他出来
提供了假证。

爱　但愿象你所说的，是国家大事，
没有什么怪想法，并不是对你
平白的瞎吃醋。

玳　唉呀天！我没有给过他嫉妒的缘由呀。

爱　嫉妒的家伙可并不听这种表白。
他们并非总是有缘由而嫉妒，
只是为嫉妒而嫉妒。这是个怪物
凭空会自己生长，自己长起来。

玳　天保佑奥瑟罗不受这怪物滋扰吧。

爱　阿门，夫人。

玳　我要找他去。凯西奥，你留此走走。
我要是看见他高兴了，就替你再说情，
尽我的全力设法使事情办好。

凯　多谢夫人。

〔玳丝德摩娜与爱米丽亚下。

碧安卡上。

碧　天保佑，凯西奥！

凯　　　　　　　　　　　你干吗不待在家里？

你怎样，我的玉娇娘大美人，碧安卡？

真的，好宝贝，我正要上你的家去。

碧　我可正要上你的住处去，凯西奥。

怎么了，一星期不来，七天七夜？

一百六十八小时了？情人不见，

时间还要长一百六十倍，好苦呀，

算起来累死人！

凯　　　　　　　　　　请原谅，碧安卡，

我这一阵子有非常沉重的心事；

再过些日子，要没有别的打岔，

我算清欠你的这笔账。我的好碧安卡，

〔交与玳丝德摩娜手绢。

请描下这上的花式。

碧　　　　　　　　　　　噢，凯西奥，哪来的？

这是从哪个新相好得来的纪念品。

你不来看我，我现在看出道理了。

可不是？好，好。

既　　去你的，女人！

把你恶毒的瞎猜测抛还给魔鬼吧，

你是从他得来的瞎疑心。你吃醋了，

说什么新相好啊，什么纪念品啊。

不，真不是，碧安卡。

碧　　那又是谁的？

凯　不知道，亲爱的。我在我房里捡到的。

我很喜欢这上的花式，趁归还以前

（准有人来寻的）我想把花式描下来。

拿去给我描，现在暂且离开我。

碧　离开你？为什么？

凯　因为我正在这儿等候将军，

让他看见我和一个女人作伴，

于我不利，我也不愿意。

碧　　为什么？

凯　不是我不爱你。

碧　　就是因为你不爱我！

我请你陪我走一段路，并且告诉我
今天晚上我能不能就再见到你。

凯　我只能陪你走小小一段路，因为我
在这儿等候呢；我不久会去看你的。

碧　这就很好。我也只得将就了。

〔齐下。

第四幕

第一场　堡前。

奥瑟罗与亚果上。

亚　你会这样想？
奥　　　　　　　这样想，亚果！
亚　　　　　　　　　　　　　　　　什么，
私下里亲嘴？
奥　　　　　　这是不正当的亲嘴。
亚　或者跟她的男朋友光身同床
不止一小时而不转什么邪念呢？
奥　光身同床，亚果，而不转邪念吗？
这是对魔鬼作假的虚伪行径。
他们算正经，却作了那个勾当，
他们受魔鬼捉弄，就捉弄上帝。

亚　如果他们没有干，那是小疏忽。

可假定我给了老婆一块手绢——

奥　那又怎样？

亚　那就是她的了，将军，既然是她的，

我想她可以随便送给什么人。

奥　她的荣誉也是属于她自己的，

她可以随便送人吗？

亚　她的荣誉是件看不见的东西；

人家实际上并没有，却常常会有。

可是手绢呢——

奥　天啊，我但愿把它忘记了才好！

你说过（噢，我忽然记起它来了，

就象乌鸦飞绕遭瘟的房顶，

叫得好不祥啊！）他得了我那块手绢；

亚　对，那又怎么样？

奥　　　　　　　　　那可不大好。

亚　假如我说了见过他对不起你呢？

或听过他说——因为有这等妄人，

要么死纠缠人家，终于到手了，

要么逢情妇痴心，出于自愿，
移樽就教了，害他们得意忘形，
他们到处瞎吹——

奥　　　　　　　　　　他说过什么吗？

亚　说过，将军；可是我敢保他说过的
都是可以否认的。

奥　　　　　　　　　　他说过什么？

亚　他说干过——不知道他干过什么。

奥　什么？什么？

亚　睡觉。

奥　　　同她？

亚　　　　　　　同她，糟蹋她，随你说。

奥　同她睡觉？糟蹋她？——我们说糟蹋她就是说人家毁谤她。——同她睡觉！浑蛋，可真恶心！——手绢——坦白——手绢！——叫野汉子坦白，再把他吊死，报他的德行——先把他吊死，再叫他坦白！我一想到就直哆嗦。我眼前突然间一阵昏黑，证明事出有因。光是几句话，不至于震动我到这个地步。——呸！贴鼻子，磨耳朵，对嘴唇吗？真会这样吗？——坦白吗？——手绢呢？——嗨，魔鬼！

〔昏厥倒地。

亚　发作吧，

我的药，发作吧！轻信的傻瓜们落网了，

多少洁白无瑕的女人就这样

无辜受唾骂。——怎么了，喂，好将军！

主帅，我说！奥瑟罗！

凯西奥上。

怎么样，凯西奥？

凯　怎么一回事？

亚　将军忽然犯起癫痫病来了。

这是他第二次发作；昨天就发过。

凯　擦擦他的太阳穴。

亚　不，别碰他。

昏迷一阵子，静一静自己会过去。

要不然，人就会口吐白沫，一会儿

爆发成野蛮的疯狂。看，他动了。

现在你就暂且退出去一会儿。

他马上就会恢复。等他走了，
我有重大的事情要跟你谈谈。

〔凯西奥下。

怎么了，将军？你没有把头摔痛吗？

奥 你是嘲笑我吗？

亚 嘲笑你？不，决不是。

我但愿你担受住逆运，做个大丈夫！

奥 头上戴绿头巾的是怪物，是个畜生。

亚 那么在一个人口众多的城市里，
就有许多畜生和文明怪物了。

奥 他自己供认了？

亚 将军，做个大丈夫。

想想看，凡是套上了家累的须眉汉
都跟你并驾齐驱。千百万男子
夜夜躺在并非专有的床上
还自命享受着专利。你倒还好一点。
噢，该是地狱里魔王的恶作剧：

---

58 说“嘲笑”，因为奥瑟罗现在一听说别人提到他的头，总想到“头上出角人”（戴绿头巾人）。

叫人在无忧的床上亲一个淫妇，
还当她清白呢！不，宁让我睁开眼，
看清了我怎样，就知道该叫她怎样。

奥　你真聪明啊！当然了。

亚　　　　　　　　　　　请走开一会儿。
克制自己，不越出耐性一步。
刚才你正在这儿气昏倒地
（有身份男子汉最不该这样发作了）
凯西奥来过。我把他打发走了，
把你的昏迷开脱得一干二净；
叫他回头来这儿跟我谈话，
他答应再来。你现在就躲在一边，
注意他含讥带嘲的一种神情
流露在他的脸上每一个角落；
我要他重新讲：在什么地方、
怎样、多少次、多久前、什么时候
曾经，和还要，勾搭你的夫人。
我说，就注意他表情。可要忍耐啊！
否则我要说你是肝火太旺了，

全无丈夫气。

奥　　　　　　你听我说吗，亚果？
你会发现我倒是最善于忍耐；
可是（你听吗？）心最狠。

亚　　　　　　　　　　那倒没什么，
就还是总得要沉住气。请就躲起来。

〔奥瑟罗退至一侧。

现在我要跟凯西奥谈谈碧安卡，
她这个贱货本来是靠出卖肉体
给自己买进衣食的。想不到她竟
痴恋凯西奥；也算是娼妇的灾星，
玩弄许多人再受一个人玩弄。
凯西奥听到我在这儿说起她，自然会
忍俊不禁，放声大笑。他来了。

凯西奥上。

他一定会笑，奥瑟罗就一定会气疯，
他不通人情世故的嫉妒心一见

可怜的凯西奥嬉笑、轻松的举动

都会解释得不对头。你怎样，副将？

凯　你别再用这个头衔来折磨我吧，

丢了它，我正懊恼得要丢命！

亚　抓紧玳丝德摩娜，一定会捞回它。

要是碧安卡力所能及，你求她，

管保你马到成功！

凯　　　　　　　　唉，可怜虫！

奥〔旁白〕

看他已经笑了！

亚　我从未见过女人会这样爱男人。

凯　唉，小贱人！我看她倒真爱我。

奥〔旁白〕

他并不断然否认，只一笑置之。

亚　你听见吗，凯西奥？

奥〔旁白〕　　　　　现在他逼紧一步

要他讲了。哼！干得好，干得好！

亚　她扬言说你一心想跟她结婚呢，

你真想这样吗？

凯　哈，哈，哈！

奥　〔旁白〕

得意吗，罗马狂人？算你胜利了？

凯　我跟她结婚？什么，跟一个卖笑妇？请你还多少相信我的头脑，别以为我已经胡涂到这个地步，哈，哈，哈！

奥　〔旁白〕好，好，好，好！赢的就笑吧！

亚　真的，外边都传说你要跟她结婚了。

凯　请别胡说。

亚　我要是胡说，我就是坏蛋。

奥　〔旁白〕你还要羞辱我？好。

凯　这是猴子的招摇。她以为我要跟她结婚，纯粹是自己骗自己，我并没有答应她。

奥　〔旁白〕亚果向我挥手示意。现在他要开始讲他的故事了。

凯　她刚才还在这儿，她到处缠我。前几天，我正在海岸上和几个威尼斯人谈话呢，这个活宝贝也就来了，天晓得，竟这样直扑过来搂我脖子——

奥　〔旁白〕嚷着“亲爱的凯西奥啊”，想必如此。看他的表情

116　何以奥瑟罗称凯西奥为罗马人，众说不一，但都肯定由“胜利”、“得意”的联想而来，新剑桥版另指出奥瑟罗意识到自己的非洲“野蛮人”与意大利“文明人”的关系。

就明白。

凯　就这样吊在我身上，赖在我身上，哭哭啼啼，这样拉我扯我！哈，哈，哈！

奥〔旁白〕现在他要讲女人怎样拉他到我的寝室去了。噢，我看得清你的鼻子，就是说不准割下了要扔给哪一条狗吃。

凯　唔，我必须摆脱她。

碧安卡上。

亚　哎呀！看，她来了。

凯　好一只骚臭的黄鼠狼！哼，还满身洒了香水。你是什么意思呀，老这样缠住我？

碧　让魔鬼和他的老婆缠住你作祟吧！你刚才给我那块手绢，是什么意思。我拿它才是个大傻瓜。我得把整块的花式都描下来吗？亏你说得出你在自己的寝室里捡到的，还不知道是谁丢在那里的！这是哪一个妖精送你的纪念品，竟要我把花式描下来？拿去，还给你那个烂污女人去。不管你从哪儿搞来的，我就是不替你描上面的图样。

135　切开鼻子或割掉鼻子是旧时公认的一种惩罚或报仇方式（里德雷）。

凯　怎么了，我的好碧安卡？怎么了？怎么了？

奥　〔旁白〕天啊，这该是我的手绢呀！

碧　今晚上你来吃晚饭也好；要是你来不了，下次方便的时候来吧。〔下。

亚　追她去，追她去！

凯　真的，我非得去不可；要不，她会骂街的。

亚　你要去她那里吃晚饭吗？

凯　对，我想去。

亚　好，我也许会碰见你；因为极想跟你谈谈。

凯　请来吧。你肯吗？

亚　快去！别多说了。

〔凯西奥下。

奥　我怎样宰他好，亚果？〔上前。

亚　你看见了吗，提起他的造孽，他还直笑？

奥　噢，亚果！

亚　你看见手绢吗？

奥　那是我的吗？

亚　是你的，我举手起誓！你看他多么尊重贵夫人，你这位痴心女人。她把手绢送给他，他却拿去送给了娼妇。

奥　我要杀他九年才让他死！——这个雅致的女人呀，一个美丽的女人呀，一个可爱的女人呀！

亚　不，你得忘掉这一面。

奥　唔，让她腐烂，让她毁灭，让她今夜就下地狱；不让她活下去。对，我的心已经变成了石头。我捶它，只有伤我的手。噢，世界上再没有更可爱的人儿了！她尽可以躺在一位皇帝身边，指挥他干任何苦差使。

亚　不，你不该这样说。

奥　去她的！我只是看她是怎样就说她是怎样。她做起针线活儿来那么灵巧！她是那么了不起的一位音乐家！噢，她唱起歌来，会把一只野熊的野性都唱掉哩！她的聪明、才智是这么高妙，这么层出不穷。

亚　她这样，就更坏了。

奥　更坏一千一万倍！而且，性情这样温柔！

亚　唔，太温柔了。

奥　对，千真万确。可是多可惜，亚果！啊，亚果，真可惜，亚果！

亚　她这样不要脸，你还这样痴心，索性就授与她伤风败俗的特许权；因为你自己都不在乎，这就不关别人什么事。

奥　我要把她剁成肉酱！竟叫我做乌龟！

亚　哼，她就是这样糟。

奥　竟跟我的部下勾搭！

亚　那更糟。

奥　给我找点毒药来，亚果，就在今晚上。我不想跟她多费口舌，生怕她的肉体美又害我手软。就在今晚上，亚果！

亚　不用毒药干。把她掐死在床上，就在她搞脏了的床上。

奥　好，好！活该受报应。很好！

亚　至于凯西奥，我来打发他。你半夜就可以听到结果。

奥　非常之好！　〔号角声。

这又是什么喇叭声？

亚　一定是威尼斯来了人。

罗陀维科、玳丝德摩娜及侍众上。

是罗陀维科，

大公派来的；看夫人跟他在一起哪。

罗　上帝保佑你，大将军！

奥　多谢，大人。

罗　威尼斯大公和元老向将军致意。〔交一信。

奥　我在这上面亲吻他们的意旨。〔拆信读。

玳　有什么消息，罗陀维科好表哥，

亚　得见大人前来光临塞浦路斯，

　　万分荣幸，谨表欢迎。

罗　谢谢。凯西奥怎么样？

亚　　　　　　　　　　健在，大人。

玳　大表哥，他和我丈夫之间发生了

　　一点不愉快；你一定能弥合一切。

奥　你有把握吗？

玳　你说什么？

奥　〔读信〕

　　　　　　“务请照办为要——”

　　他没有说什么；他在忙着读信。

　　你丈夫和凯西奥之间有什么意见吗？

玳　非常不愉快。我想尽力使他们

　　恢复和好，因为我很喜欢凯西奥。

奥　天火临头！

玳　　　　　说什么？

奥　　你头脑清醒吗？
玳　怎么，他生气了？
罗　　也许信把他激动了；
因为，我想，他们要召他回国，
正要派凯西奥代理他的职务。
玳　说真的，我听了很高兴。
奥　　真的？
玳　　什么？
奥　我见你疯了很高兴。
玳　　为什么，好亲人？
奥　魔鬼！　〔打玳丝德摩娜。
玳　我没有干什么该受这一下。
罗　将军，这传到威尼斯，会无人置信，
即使我发誓说亲见到。这太不象话了。
快向她赔罪，她哭了。
奥　　魔鬼啊魔鬼！
女人的眼泪倘能使大地繁衍，
她掉一滴泪，就会变一条鳄鱼。

222　“鳄鱼泪”，意为“假惺惺”，在欧洲早成习语。

滚开！

玳　　　我就走，免得在这儿冒犯你。　　　〔待下。

罗　真是个顺从的夫人。

将军，我郑重请你叫她回来。

奥　太太！

玳　　　亲人？

奥　　　　　大人要跟她说什么？

罗　谁？我吗，将军？

奥　是呀。是你要我叫她回来的。

她会转回来，转过去，老是转下去，

转来转去；她会哭，哭了又哭；

她顺从，正如大人所说的，顺从，

很顺从。——你尽管流你的眼泪得了——

来信呢，大人（噢，多会假伤心！）

原来是召我回去——给我滚开，

一会儿再叫你。——大人，我服从命令，

准备动身回威尼斯。——走，快滚！

〔玳丝德摩娜下。

就叫凯西奥接替我。大人，今晚上

我请你和我一块儿共进晚餐。
欢迎大人来塞浦路斯。——山羊和猴子！　〔下。
罗　这难道还是那个高贵的摩尔人吗？
我们元老都夸他大才呢。他还是
意气都动摇不了，硬朗、结实，
随便挨“意外”的炮弹、“偶然”的标枪，
都不会擦得破，刺得穿？
亚　他变了很多。
罗　他的头脑还清醒吗？没有变胡涂吗？
亚　他就是他那样。我不好说什么意见。
如果他不是他应该那样，我但愿
天保住他本色！
罗　怎么，竟打他的夫人？
亚　真的，这不大好；可是我但愿
打一下就算到头了。
罗　他惯常这样吗？
还是今天的这封信把他激动了，

239 “山羊和猴子”都被认为淫兽。

叫他新犯下这个过失？

亚　　　　　　　　唉唉！

我出于忠心，不好讲我所见

和所知。你还是自己细心观察他，

他的行径会说明他的情况，

省得我多说什么。你只要跟前去，

注意他接下去怎样。

罗　我很抱憾，他竟叫我失望了。

〔齐下。

第二场　堡中一室。

奥瑟罗与爱米丽亚上。

奥　那么你没有看见过什么？

爱　也没有听见过什么，疑心过什么。

奥　可是你看见过她跟凯西奥在一起啊。

爱　那么我看不出有什么不对头，而且我
听得见他们之间的一言一语。
奥　怎么，他们从没有交头接耳过？
爱　从没有，将军。
奥　也不曾把你支使开？
爱　从不曾。
奥　去替她拿扇子呀，手套呀，面纱，等等？
爱　从不曾这样，将军。
奥　那就怪了。
爱　将军，我敢打赌说她是清白的，
押下我灵魂！你要有什么歪想法，
快把它销除，别让它毒害你心胸。
哪个坏蛋要把它灌输进你头脑，
活该他受毒蛇应得的报应！
要是她还不清白，不忠贞，世界上
就没有幸福的男人了，他们的老婆
再干净也只是烂污货。
奥　叫她来。去。

〔爱米丽亚下。

她说绝了；可是不会象她这样说，
就不配做老鸨了。这是个狡猾的淫妇，
肚子里锁满了见不得天日的秘密，
却还会跪下来作祷告；我看见她做过。

玳丝德摩娜与爱米丽亚上。

玳　亲夫，你有何吩咐？
奥　　　　　　　　　　乖，过来。
玳　要怎样？
奥　　　　　让我看看你的眼睛。
　　朝我脸看。
玳　　　　　　这是什么怪主意呀？
奥　〔对爱米丽亚〕
　　你去望风，太太。
　　让一对狗男女留下，把门关上，
　　要是有人来，哼一声或者咳一声。
　　尽你的职司，尽你的职司！快走！

〔爱米丽亚下。

玳　我跪求告诉我：你说的是什么意思？
我完全明白你话里有气，大得很，
就不懂你的话。
奥　嘿，你是什么人？
玳　　　　　　　　是你的妻子，
忠实的妻子。
奥　　　　　　来发誓，自作自受；
免得看起来象天使，叫那些魔鬼
不敢抓你。所以给自己加罪吧，
发誓说你是清白的。
玳　　　　　　　　　天知道真是的。
奥　天知道你明明学魔鬼，做了骗人精。
玳　骗了谁，亲夫？跟谁骗？我怎么骗人？
奥　噢，玳丝德！去吧，去吧，去吧！
玳　唉，可真惨痛啊！你干吗哭呀，
可是我引起的你这些眼泪，亲夫？
要是你疑心我的父亲捣了鬼，
人家才这样一下子把你召回的，
你也别怪我。你已经丢了他，那么

我也早把他丢了呀。

奥　　　　如果老天爷
要百般折磨我，把一切灾殃和耻辱，
劈头盖脑，直向我瓢泼下来，
把我全身就泡在贫困的泥坑里，
把我和我的希望全都囚禁了，
我还可以在我的灵魂深处
找得到一丁点忍耐。可是唉，叫我做
世人讥笑的靶子，让人家存心
举起手指来指着我，一动也不动啊！
连这个我也能忍受，倒也罢，罢了。
可是剥夺了我的心所寄托，
生死所完全依存的切肤痛痒处，
叫我一往情深的灵府源泉
枯竭了或者变成了专供癞蛤蟆
在里边纠缠繁殖的一个臭水洼，
那还了得！对此该脸色一变了，
耐性啊，你这位唇红齿白的小天使，

62—64　此三行各家综合各种原版本，众说纷纭，仍属费解，现暂译如此。

显得地狱样狰狞！
玳　希望我高贵的丈夫认我是干净的。
奥　是啊！就象屠场里夏天的苍蝇，
到处下蛋生蛆。噢，你这毒草啊，
看起来这么娇艳，闻起来这么香，
多叫人心疼。但愿世界上没有你！
玳　唉，我犯了什么无知的罪孽啊？
奥　这张皎洁的白纸，这本漂亮书，
可是写“娼妇”字样的？犯了什么？
犯了？啊，你这个公开的娼妓！
我只要一说起你干的这种好事，
我的两颊就会变一对熔炉
把羞耻烧成了灰烬。犯了什么？
天都掩鼻子，月亮都会闭眼睛，
淫荡的风，见什么就要亲什么的，
也都会静悄悄躲藏到洞窟的深处，
不愿意听见人家说。犯了什么？
厚脸皮婊子！
玳　　　　　　天啊，你把我冤枉了！

奥　你不是婊子吗？

玳　　　　　　　　不是，我是个基督徒！

如果为我的丈夫守身如玉，
不让任何不正当接触所玷污，
说不上是什么婊子，我就决不是。

奥　怎么，不是个娼妇？

玳　　　　　　　　　　不是，我希望得救！

奥　可能吗？

玳　天宽恕我们吧！

奥　　　　　　　　那么就请你原谅了，

我以为你本是威尼斯狡猾的娼妇
后来跟奥瑟罗结了婚。——喂，太太，
圣彼得是给天堂看门的，你相反，
给地狱把门！

爱米丽亚上。

你你，对，你来！

我们已经干完了好事。赏你钱！

请你镇好门，保守住我们的私情。 〔下。

爱 唉，这位大人闹什么名堂呀？

怎么样，夫人？怎么样，我的好夫人？

玳 哎呀，好象在睡梦中。

爱 好夫人，我的老爷是怎么一回事？

玳 你说谁？

爱 我说我的老爷呀？

玳 哪个老爷？

爱 你的丈夫，好夫人。

玳 我没有丈夫。别谈了，爱米丽亚。

我不能痛哭；也没有什么好回答你，

除了两行泪水。今晚上请你

把我新婚的被单铺床上，记好；

把你的丈夫叫来。

爱 这可真怪了！ 〔下。

玳 我该受这样对待，完全应该。

我可犯了什么天大的过失

---

108 “天大的过失”，据“第一四开本”（为新亚屯版所采用）；或可据“对开本”（为新剑桥版等采用）译为“一丁点过失”。

引得起他一丝一毫的气愤呀？

亚果与爱米丽亚上。

亚　夫人叫我来有何吩咐？你怎样了？
玳　我也说不清。大人教训小娃娃，
　　往往用温和的语言、轻松的惩戒。
　　他也尽可以这样责备我；受责备，
　　我也是孩子了。
亚　　　　　　　　怎么一回事，夫人？
爱　唉，亚果，将军骂了她叫娼妇，
　　那么侮蔑、那么难堪，叫谁有
　　心肝的也都受不了。
玳　我是这种人吗，亚果？
亚　什么人，夫人？
玳　她说我丈夫叫过我的那种人。
爱　他叫她娼妇。一个叫化子，喝醉了，
　　也不能用这个名称来叫他的姘头啊！
亚　为什么他会这样。

玳　我可不知道，只知道我不是这种人。
亚　不要哭，不要哭。唉，可真不幸啊！
爱　难道她撇开了多少贵人的求婚，
抛下了父亲、家乡、所有的朋友
就为了让他叫娼妇吗？谁想到不伤心？
玳　我只怨自己的命苦。
亚　　　　　　　　　　真该怪他！
他怎么想到了这么离奇啊？
玳　　　　　　　　　　　　天晓得。
爱　我打赌，一定是哪个坏透的家伙，
爱管闲事，播弄是非的流氓，
阴险狡黠的骗子，为了向上爬，
造了谣言，要不是就把我绞死！
亚　胡说，哪会有这样一个人！不可能。
玳　如果有这样一个人，上天宽宥他！
爱　绞刑套宽宥他！地狱嚼他的骨头！
他怎好叫她娼妇呢？谁跟她在一起？
在什么地点时间？有什么形迹？
摩尔人上了当，听信了哪一个大坏蛋，

卑鄙的狗东西，十恶不赦的恶棍。
天啊，愿你揭发出这种家伙来，
让每个正直人手里都拿根鞭子
把这些浑蛋剥光了衣服抽一顿，
从东方直抽到西方！

亚　别大声叫嚷。

爱　哼，去他们的！也就是这样个家伙
上一次搅昏了你的头脑，害得你
瞎疑心我同摩尔人有什么关系。

亚　你是个傻婆娘。得了。

玳　唉，亚果啊，
挽回我丈夫的欢心，我该怎么办？
好朋友，你去找找他；我对天发誓，
我不知怎样把他得罪了。我下跪。
假如我在思想上或者行动上
曾经有意辜负过他的恩情，
我的眼睛、耳朵或别的感官
从别人身上得到过同样的欢喜，
假如我还不曾，从不曾爱过他，

即使他把我弃如敝屣了，我从此
就不会深深的爱他，那就罚我
一辈子苦到底！无情可以有大影响；
他的无情可以毁我的生命——
抹不杀我的爱情！我不会说“娼妇”，
现在我一说出来就叫我恶心；
要我干出丑事来捞这个称号，
把花花世界全部送给我也不成！

亚　请你宽心。这只是他一时发脾气。
国家大事使他感到不愉快，
他就找你出了气。

玳　要没有别的——

亚　　　　　　　　就是这样，我保证。

〔内号角声。

听，喇叭响了，你该去吃晚饭了。
威尼斯来的使者在等候开筵。
进去吧，别哭。一切都一定会好的。

〔玳丝德摩娜与爱米丽亚下。

洛德里科上。

怎么样，洛德里科？

洛　我看出你没有真心实意对待我。

亚　那我又怎样对待你的。

洛　你每天都想起花招来敷衍我，亚果，叫我现在看来，你不是提供我一点点实现希望的便利，而是不让我有一点点机会。我真不愿意再忍受下去了;我早已作为傻瓜，上了当，也不能就此忍气吞声。

亚　你肯听我说吗，洛德里科？

洛　我实在已经听得太多了；你说的和干的并不对头。

亚　你怪我，太不公正了。

洛　一点也不冤枉你。我把钱都白白花光了。你从我手上拿去送玳丝德摩娜的那么多珠宝，足够叫一个出家的修女都会动心哪。你告诉我她接受了，要报答我的期望，给我喜讯，马上约我见面；可是结果什么也没有。

亚　好，算了，很好。

洛　很好！算了！我可不能就算了，伙计；这也太不好。我看简直是下作，我明白我当了冤大头。

亚　很好。

洛　我对你说这太不好了。我要自己去找玳丝德摩娜，当面说穿。要是她还我珠宝，我就此罢休，悔恨自己不该作不正当的追求。要是不还，你放心，我一定要跟你算账。

亚　现在你已经说定了。

洛　对，而且说到的一定要做到。

亚　啊，现在我看你倒有点骨气；就从此刻起，我比以前任何时候都看得起你了。伸过手来，洛德里科。你完全有理由责备我；可是我也得声明，我为你的这件事出力，完全问心无愧。

洛　可是没有见结果。

亚　我承认还没有见结果；你的怀疑也不是没有道理。可是，洛德里科，要是你真有点什么——我现在比以前更有理由相信你有了——我是说决心、勇气、胆量——今晚上就显它一显。要是你明晚上还不能把玳丝德摩娜享受到手，那么听凭你使什么奸诈的计谋把我从人世除掉得了。

洛　好吧，你说要怎样？你出的主意切实可行吗？

亚　老兄，威尼斯派来了特使，叫凯西奥替代奥瑟罗的职位。

洛　真的吗？那么奥瑟罗和玳丝德摩娜就该回威尼斯去了。

亚　噢，不是。他去毛里塔尼亚，把漂亮的玳丝德摩娜也带走，除非出了什么事，叫他在这儿耽搁下来；出什么事，最关紧要都不如排除凯西奥。

洛　你说排除他，是什么意思？

亚　哼，就是不让他能代替奥瑟罗的位置——砸烂他的脑袋。

洛　你要我来干这个？

亚　对，要是你敢为自己干一件好事，于你有利的大好事。他今晚上在一个窑子家吃饭，我要去那里找他。他还不知道自己交上了好运。要是你守在外边，等他从那里出来，我安排在十二点和一点之间，那时候他就听凭你摆布了。我会躲在近边接应你，他就落在我们两个人中间，准逃不了。来，别站着发呆，跟我一起走。我会告诉你为什么非叫他死不可，你一想也会感到非亲自动手干掉他不可。快吃晚饭了，时候不早。准备吧！

洛　我还要听听这么干的道理。

亚　我说给你听。

〔齐下。

第三场　堡中另一室。

奥瑟罗、罗陀维科、玳丝德摩娜、爱米丽亚及侍众上。

罗　请将军就此留步，不劳远送了。

奥　噢，请见谅；走走对我有好处。

罗　夫人，夜安。我感谢夫人的盛情。

玳　欢迎光临。

奥　　　　　我们走吧，大人。

　　噢，玳丝德摩娜——

玳　亲夫有何吩咐？

奥　你就去上床。我一会儿就回来。把你的侍女从那儿打发走。注意照办。

玳　遵命，亲夫。

〔奥瑟罗、罗陀维科及侍众下。

爱　现在怎样了。他看来温和了一点。

玳　他说他过一会儿就要回来，

　　叫我马上就进去上床睡觉，

　　吩咐我把你打发开。

爱　　　　　　　　　把我打发开？

玳　他吩咐这样。所以好爱米丽亚，
拿我的睡衣给我，随后就再见。
现在我们再不能叫他不高兴了。

爱　我但愿你从来没有见过他一面！

玳　我可不这样希望。我一心爱他，
就连他的粗暴、责备、生气
（请替我解扣）也叫我觉得可爱。

爱　我照你吩咐已经把被单铺好了。

玳　也罢。我们真会胡思乱想啊！
如果我比你先死，就从这些被单里
挑一条给我裹尸。

爱　　　　　　　　得得，别瞎说。

玳　我母亲从前有一个侍女叫芭芭莉，
她爱过男人，人家后来疯了，
把她抛弃了。她会唱一支《杨柳曲》。
那是老曲子，倒表达了她的苦命，
她临死还唱它。今晚上这一支曲子
老是叫我忘不了。我怎样想摆脱，

却还是要学可怜的芭芭莉的样子，
侧着头唱这支曲子。请你快走吧。

爱　拿你的睡衣吗？

玳　　　　　　　　不，就替我解扣吧。
这位罗陀维科是长相不俗的男子。

爱　很漂亮的男子。

玳　谈吐也好。

爱　我知道威尼斯有位贵妇人，宁愿赤脚直走到巴勒斯坦，只要能接触一下他的下嘴唇哩。

玳〔唱〕

可怜人长吁短叹坐在枫树旁，
　唱啊唱青青的杨柳：
她把手按在胸口，头垂到膝上，
　唱杨柳啊，杨柳，杨柳。
清水流过她身边，也替她吐哀怨，
　唱杨柳啊，杨柳，杨柳；
她掉下辛酸泪，叫石头也变软，
　唱杨柳啊——

把这些搁在一边。

杨柳，杨柳；

快点，他就要来了。

唱啊拿青青的杨柳编我的花冠。

叫谁也不怪他；是我该受他白眼——

不，接得不对。听！谁敲门？

爱 是风吹。

玳

我叫他负心汉；可是他又怎样讲？

唱杨柳啊，杨柳，杨柳：

我天天搞女人，你就夜夜换情郎。

你走吧；晚安。我的眼睛发痒呢。

这可是预兆哭泣吗？

爱 这没有什么。

玳 我听说如此。啊，这些男人！

爱米丽亚，你凭良心说你以为

世界上竟会有女人欺骗丈夫，

荒唐到这样吗？

爱 有的，没有问题。

玳 全世界都给你，你肯干这种事情吗？

爱　啊，你呢？

玳　　　　　　天光在上，我决不。

爱　天光在上，我也决不会干的。
黑暗当中，我可是不敢担保。

玳　全世界都给你，你肯干这种事情吗？

爱　世界是一件大东西。赏格既然这样高，过失也就不足道。

玳　天理良心，我看你不会干的。

爱　凭我的良心说，我看我会干的；我干了这个勾当，我还会撤销它的。啊，我当然决不会干这样的事情，要是就为了换一只合欢戒指，换几尺麻纱，换几件袍子，几件裙子，几顶帽子，换随便什么细小的礼物；可是换它一整个世界——天晓得！谁不愿意叫自己的丈夫做乌龟来使他当一位君王呢？为了这一点，净火炼狱的折磨我也甘愿去受一受。

玳　咒我吧，如果我肯犯这样的大错，
换它一整个世界。

爱　错只是错在世界里；你既然得到了世界作你的酬劳，错就错在你自己的世界里，你可以马上把错改成了对啊。

玳　我不信世界上竟有这样的女人。

爱　有，不少呢；多到尽可以塞满她们赢得的世界哩。
可是我以为总还是丈夫先不好，
老婆才堕落。他们要疏忽责任，
把我们珍爱的东西乱抛给人家；
或者要无端吃醋，蛮不讲理，
把我们乱管束一气，或者要打我们，
发狠心削减我们的零用钱——
好，我们也会狠；尽管善良，
我们也会报复的，让他们知道
老婆也同样有感觉：看得见，闻得到，
尝得出什么是甜，什么是酸，
跟丈夫全一样。他们甩我们换别人，
是为的什么呢？是为的逢场作戏吗？
我看是的。是出于多情多感吗？
我看是的。是喜新厌旧的结果吗？
这也是的。那么我们就不会想
调调情，玩玩，变变，象男人一样吗？
让他们好好待我们，要不然让他们知道，

我们干什么样坏事，全都亏他们的指导！

玳　晚安，晚安。愿上天教会我清醒：
不从恶学恶，而从恶学到聪明！

〔齐下。

第五幕

第一场　街头。

亚果与洛德里科上。

亚　这儿，躲在小棚屋后边，他就来了。
拔出你的剑，对准要害直刺去。
快快！别害怕；我就在你身边。
我们的成败都在此一举——记好，
坚定你的决心。

洛　紧挨我旁边。也许我出手不顺利。

亚　我就在这儿。大着胆，站好位置。　〔站立一旁。

洛　我自己并不热心要来这一手，
可是他举的理由却实在充分。
这只是去掉一个人。一剑，他完了！

亚　我已经把这个小脓包刺到了痛处，

急得他直跳了。不管他杀了凯西奥，
凯西奥杀了他，还是互相都杀死，
对我都有利。让洛德里科活下来，
他就会向我索回我骗他到手、
说是送给玳丝德摩娜的那大宗
金钱和珠宝了。
那绝对不行。要是让凯西奥留下来，
他在生活里有一种日常的美德
害得我天天出丑，而且摩尔人
也许会向他揭发我，那我就太危险了。
他非死不可。就这样！我听见他来了。

凯西奥上。

洛　看走路的样子，正是他！坏蛋，要你命！　〔刺凯西奥。
凯　这一剑真够是给我的致命一击，
幸亏你不知道我里边还穿了铠甲。
我看看你穿的什么！　〔刺伤洛德里科。
洛　啊，我完了！

〔亚果从旁冲出，刺伤凯西奥腿部，下。

凯　我从此残废了。救命！杀人了！杀人了！　〔倒地。

奥瑟罗上。

奥　凯西奥的声音。亚果倒真是守信。

洛　噢，我做了坏蛋！

奥　一点也不错。

凯　噢，救命啊！照个亮！来个医生！

奥　是他。好样的亚果啊，诚实、正直，
讲义气，决不坐视朋友的受欺！
我受教了。活宝，你的情夫丧命了，
你的劫数也难逃了。娼妇，我来了。
我从心底里遮了你迷人的媚眼，
定叫你纵淫的床头洒你的血点点！　〔下。

罗陀维科与格雷协诺上。

凯　怎么了？巡警呢？过路人呢？杀人了！杀人了！

格　一定是出了什么事。叫喊声很惨。

凯　噢，救命！

罗　听！

洛　噢，倒霉的坏蛋！

罗　呻唤的象有两三个。夜色太阴沉。
这也许是骗局。不多找一些人手，
光我们两个赶去，当心遭暗算。

洛　没有人来吗？那我要流血死了。

罗　听！

亚果持火炬上。

格　有人了，还只穿衬衫，有火把和武器。

亚　是谁？什么人在喊救命呀，杀人了？

罗　我们不知道。

亚　　　　　　你们没听见叫喊声？

凯　来啊来！千万救救我！

亚　　　　　　　　怎么一回事？

格　我想这个人该是奥瑟罗的旗官。

罗　当真是他，一个挺勇敢的人物。
亚　你是什么人，在这儿这么样惨叫？
凯　亚果吗？噢，我毁了，遭了毒手！
　　救救我。
亚　哎呀，副将哪！是哪些恶棍干的？
凯　我想有一个恶棍还在近边，
　　他没有能逃掉。
亚　　　　　　　　好一批奸险的恶棍！
　〔对罗陀维科与格雷协诺〕
　　你们是什么人？过来帮我们一下。
洛　噢，过来救救我！
凯　这就是一个。
亚　　　　　　　杀人的奴才！恶棍！　　　〔刺洛德里科。
洛　该下地狱的亚果！丧良心的狗贼！
亚　乘黑夜杀人？这一帮杀人的强盗呢？
　　全城好静啊！喂！杀人了！杀人了！
　　你们是什么人？是好人还是坏人？
罗　是谁是怎样由你看。
亚　是罗陀维科先生？

罗　正是，老兄。

亚　恕我死罪了。凯西奥被坏人刺伤了。

格　凯西奥？

亚　你怎样，兄弟？

凯　我有一条腿砍断了。

亚　　　　　　　　　唉呀，真作孽！

拿火把。我就拿身上的衬衣来包扎。

碧安卡上。

碧　什么事，喂？谁在这儿叫喊啊？

亚　谁在这儿叫喊啊？

碧　噢，我的好凯西奥！亲爱的凯西奥！

噢，凯西奥，凯西奥，凯西奥！

亚　噢，臭名昭著的婊子！——凯西奥，

你可想得到谁这样把你伤害的？

凯　想不到。

格　我见你这样，很痛心。我正来找你呢。

亚　借我条吊袜带。好。找个担架来

把他轻轻抬走！

碧　啊，他晕过去了！凯西奥，凯西奥！

亚　诸位听我说，我猜这个贱货

是跟凶手串通的。——

忍耐一下，好凯西奥。——来，来！

替我照一照。大家可认识这张脸？

哎呀，是我的朋友，我的好同乡

洛德里科吗？不。正是他，天哪！

格　什么，威尼斯那个人？

亚　就是他，大人可认识他？

格　认识他？认识。

亚　格雷协诺先生。请多多见谅。

流血事件叫我忘记了礼貌，

把大人怠慢了。

格　我很高兴见到你。

亚　你感觉怎样了，凯西奥？——担架，担架！

格　洛德里科吗？

亚　他，正是他。

〔担架抬上。

好，担架来了。

你们好好把他小心抬走。

我去找将军的医生。

〔对碧安卡〕　　至于你大姐儿，

免劳你操心了。——凯西奥，那个死人

是我的好朋友。你们有什么冤仇呀？

凯　毫无冤仇；我根本不认识这个人。

亚　〔对碧安卡〕

怎么，你脸色发白了。——抬他进屋去啊。

〔凯西奥与洛德里科被抬下。

你留下，好姐儿。你脸色多么苍白呀！——

你们看得出她眼色的惊慌样子吗？

得了，你瞪眼，我们就更明白。

请大家看看她，把她看个仔细。

看见吗，诸位？尽管把嘴闭紧，

罪过会自己说话。

105　“你留下，好姐儿”（Stay you, good gentlewoman）据各“四开本”；据“对折本”应为“你们留下，好先生”（Stay you，good gentlemen）。

爱米丽亚上。

爱　唉，出了什么事呀？什么事，丈夫？

亚　凯西奥在这儿黑暗里受人袭击，
洛德里科刺了他；同伙逃走了。
他差点送了命，洛德里科是死了。

爱　唉，多好的一个人！唉，好凯西奥！

亚　这是嫖妓的结果。爱米丽亚，
去问明凯西奥今晚上在哪儿吃的饭。
〔对碧安卡〕
怎么，你一听就发抖了？

碧　他在我家里吃饭的，这没有什么。

亚　他在你家里吃饭的？我叫你跟我走。

爱　呸，你这个烂污货！

碧　我不是什么烂污货，别这样辱骂我，
我跟你一样是正直人。

爱　跟我？不要脸！

亚　诸位，我们去看凯西奥包扎得怎样了。
〔对碧安卡〕

来，大姐儿，你得换一套话来讲。——
爱米丽亚，你快跑去城堡里
告诉将军和夫人出了什么事。
请你们先走一步。
〔旁白〕　　　　　成全我，葬送我，
成败得失，全看今夜的结果。

〔齐下。

第二场　堡中一寝室。

玳丝德摩娜睡床上。奥瑟罗擎烛上。

奥　记住原因，记住原因，我的心。
纯洁的星星，对你们不说出罪名吧！
记住原因。可是我不愿溅她血，
也不愿毁伤她肌肤，比雪还白的，
雪花石膏碑还没有这样光润呢。

可是她必须死，要不然会出卖更多人。
把光亮熄灭，然后就——把光明熄灭吧。
要是我把你熄灭了，光明使者，
我后悔了就可以把你重新点亮的；
可是你，精美绝伦的造化的极品啊，
我一旦把你生命的光辉熄灭了，
不知道哪儿找普罗密修士神火
重新点亮你。我把玫瑰花摘下了，
我就不能再使它恢复生机，
它只能枯萎。我就在枝上闻闻吧。 〔吻。
噢，温馨的气息，它几乎说服了
正义把怒剑折断了！再一下，再一下！ 〔吻。
愿你死后都这样吧，我就杀死你
再爱你。再一下，这是最后一下了！ 〔吻。
这样妙却又是这样绝。我不能不哭，
可是掉的是无情泪。这就叫“天伤心”：
偏找心爱的地方来下手。她醒了。

玳 谁？奥瑟罗？

奥 是我，玳丝德摩娜。

玳　你上床睡觉吧，亲夫？

奥　今晚上你祷告了吗，玳丝德？

玳　　　　　　　　　　　　　祷告了，亲夫。

奥　如果你想到自己有什么罪孽
还没有得到上天的开恩宽恕，
赶快祈求吧。

玳　唉，亲夫，你说的是什么意思？

奥　快祷告，别说费话，我到一边等。
我不愿不让你精神上有准备就杀你。
天不许！我不愿杀害你的灵魂。

玳　你说杀我吗？

奥　　　　　　　正是。

玳　　　　　　　　　　那么我祈求
上天可怜我吧！

奥　　　　　　　阿门，心愿如此！

玳　你既这样，我看你不会杀我了。

奥　哼！

玳　可是我怕你；你这样转动着眼睛，
是动了杀心。为什么要害怕，我不懂，

因为我不知道犯过罪；可是我觉得害怕。

奥　想想你作过什么孽。

玳　那就是太爱你了。

奥　唔，你爱，你该死。

玳　为了爱而挨杀，死得太不近情理。

唉，为什么你这样咬紧下嘴唇？

一股杀性把你的全身都震动了。

这是预兆；可是我希望，我希望

还不是针对我。

奥　你闭嘴，不要作声！

玳　好。究竟为什么事？

奥　我那块珍爱的手绢，给了你，你送了

凯西奥。

玳　不是，凭生命和灵魂起誓！

叫他来，问问他。

奥　可爱的灵魂，当心，

当心发假誓；你已经快没有命了。

玳　我还不死呢。

奥　死，马上就死。

所以坦白忏悔你的罪孽吧；
你发誓否认一切，都不能动摇
和挡住我心里一想到就要直叫的
坚定不移的信念。你就得死。
玳 愿上帝给我慈悲吧！
奥 我说阿门。
玳 你也发慈悲吧！我生平从没有
得罪过你；从没有爱过凯西奥，
我对他只有上天许可的那一种
正当友情。我没有送过他纪念品。
奥 天在上，我见过我手绢在他手里！
发假誓女人啊！你叫我心变石头了，
逼我把我想干的叫作杀害，
我本来倒想拿你作祭献的牺牲。
我亲眼看见过这手绢。
玳 那他是捡到的。
我从来也没有给过他。叫他来这儿。
让他坦白说实话。
奥 他已经坦白了。

玳　他说什么，亲夫？

奥　说跟你有来往。

玳　怎么？不正当来往？

奥　对。

玳　他不会这样说。

奥　他不会说话了，

忠诚的亚果已经封住了他的嘴。

玳　啊，我怕明白了。怎么，他死了？

奥　即使他的命跟他的头发一样多，

大仇必报，我也能把它们吞干净。

玳　唉，他受冤枉了，我也毁了！

奥　去你的，婊子！你当着我的面哭他吗？

玳　噢，亲夫，赶走我，可是别杀我！

奥　躺下，婊子！

玳　明天杀我，就让我活过今夜！

奥　不，你要是挣扎——

玳　就过半小时！

奥　一不做，二不休，等不了。

玳　可是等我再祷告一次！

奥　太晚了。　〔扼死玳丝德摩娜。

爱　〔自门外〕

老爷，老爷！喂！老爷，老爷！

奥　是什么声音？还没死？还没死透？

我尽管心狠，手不软，我还是心慈，

我不愿叫你在痛苦里多挨延。

得，得。

爱　〔自内〕

喂！老爷！喂！老爷！

奥　是谁？

爱　〔自内〕

噢，好将军，我要跟你说句话。

奥　唔，是爱米丽亚。——等一等。——她死了。——

她该是跑来报告凯西奥的死讯。

是这里出声音。嘿！一动也不动了？

坟墓样寂静。——让她进来吗？好吗？——

我觉得她又动了。不是。——怎么办？

她进来，一定要跟我的妻子说话的。

我的妻子，妻子！什么妻子？

我没有妻子。受不了！愁惨的时辰啊！
我想太阳和月亮现在该已经
一同晦暗了，地球看风云变色
也该直吓得张了嘴。

爱 〔自内〕 请你开开门，
好将军，我进来有话要跟你讲呀。

奥 我把你忘了。进来吧，爱米丽亚。
且慢，等一等。——让我把帐子拉上了。——
你在哪儿？ 〔开门。

爱米丽亚上。

此刻你有什么事？

爱 噢，好将军，那边出了凶杀案了！

奥 什么？现在吗？

爱 刚才，老爷。

奥 这都是因为月亮出了偏差，
不走常轨，忽然靠近了地球，

可以叫人都发疯了。

爱 凯西奥杀死了一个威尼斯小伙子，
名叫洛德里科。

奥 洛德里科被杀死了？
凯西奥也被杀死了？

爱 他没有被杀死。

奥 凯西奥没有被杀死？那就杀乱了，
痛快的报仇乱了套。

玳 噢，错杀了，错杀了！

爱 天啊，谁叫喊？

奥 叫喊？什么？

爱 哎呀，唉！这是夫人的声音呀。
救命！救命啊救命！夫人啊，再说说！
亲爱的玳丝德摩娜！好夫人，说话吧！

玳 我死得无辜啊。

爱 噢，谁干的这一手？

玳 谁也没有干——是我自己。再见。
替我向亲夫致意。啊，再见吧！ 〔死。

109—111 旧时迷信，月亮失常也会影响人发疯。

奥　啊，怎么会杀了她？
爱　唉，谁知道？
奥　你刚才听见她自己说不是我干的。
爱　她是这样说，我可得报告真相。
奥　她还要说谎，不怕下火烧的地狱！
　　是我杀了她。
爱　她就更是个天使，
　　你就更是个魔鬼！
奥　她干出了无耻勾当，她是个娼妇。
爱　你平白冤枉了她，你是个恶魔。
奥　她水性杨花。
爱　你急火攻心，胡说她
　　什么轻薄！噢，她圣洁无比！
奥　她私通凯西奥。去问问你的丈夫。
　　噢，把我打下地狱的底里吧，
　　要是我这样叫自己做绝了而没有
　　充分的根据！你的丈夫全知道。
爱　我的丈夫？
奥　你的丈夫。

爱　知道她欺骗了丈夫？
奥　对，勾搭凯西奥。她要是清白的，
即使上天用了一整块宝石
雕凿成另一个世界要我来换她，
我也不干。
爱　我的丈夫？
奥　是他首先告诉我。
他是一个诚实人，最痛恨那些
肮脏龌龊的行径。
爱　我的丈夫？
奥　干吗反复问，女人。是你的丈夫。
爱　夫人啊，奸计中伤了你的坚贞！
是我的丈夫说她不忠吗？
奥　是他。
说你的丈夫，不懂吗？我的朋友，
你的丈夫，诚实的诚实的亚果。
爱　如果他说过，那就叫他的毒心肠
一天天烂下去！他竟昧良心造谣。
夫人对她这个臭男人太痴心了。

奥　嗨！

爱　要怎样作恶就怎样作好了。
你这种行为不配受天宥，正象你
这个人不配受她爱。

奥　　　　　　　　　你最好别声张。

爱　尽管你穷凶极恶对我下毒手，
也伤害不了我什么。傻瓜啊！木头啊！
粪土样愚蠢！你干了一桩好事——
我不怕你的剑，我定要叫人人知道，
哪怕我丢掉廿条命。救命啊，救命！
摩尔人杀了夫人了！杀人了！杀人了！

蒙太诺、格雷协诺、亚果及其他人众上。

蒙　这儿又出了什么事？怎么样，将军？

爱　噢，你来了，亚果？你干的好事，
人家要把杀人罪叫你承担了。

格　什么事？

爱　你要是好汉，就当面驳这个坏蛋。

他说你告诉他，他的老婆不忠。
我知道你不会；你不是这种坏人。
快说呀，我气得心都要胀开了。
亚　我只是想到什么告诉了他什么，
是他自己发现我说的是真情。
爱　可是你没对他说过他女人不忠吗？
亚　说过。
爱　你说谎，撒了个该死的弥天大谎！
凭我的灵魂说，是谎话，恶毒的谎话！
她跟凯西奥私通？你说跟凯西奥？
亚　我说跟凯西奥，太太。得，闭嘴吧。
爱　我不能闭嘴，我一定得说给大家听：
夫人在这儿床上给人家杀害了——
众　噢，造孽啊！
爱　你的造谣造成了这桩命案。
奥　不，请各位别瞪眼。这是实情。
格　咄咄怪事！
蒙　骇人听闻！
爱　　　　　恶毒啊，恶毒啊，恶毒啊！

我现在想起了，想起了！闻出了！好恶毒！
我早已猜想了。现在我悲痛得不想活了。
恶毒啊，恶毒！
亚　怎么，你疯了？我勒令你快回家去。
爱　各位大人，请允许我说几句话。
我本该服从他，可是现在决不能。
也许，亚果，我再也不肯回家了。
奥　噢！噢！噢！　〔倒床上。
爱　　　　　　倒下去尽吼吧！
因为你杀死了世界上活过的一个
最温柔不过的清白人。
奥　　　　　　　　　噢，她肮脏！　〔起立。
我没有认出你大叔。你的侄女
躺倒在那里。这双手刚叫她断了气。
我知道这一个行为太狰狞可怕。
格　可怜的玳丝德！幸亏你父亲死了，
你的婚姻给了他致命的打击，
极度的悲伤摧折了他的老命。
要是他还在，见到这光景，会发狠；

是呀，一定会跳起来咒骂神明，
自绝于天恩。

奥　这真是悲惨，可是亚果知道
她跟凯西奥干出了无耻的勾当
不知有多少次，凯西奥自己承认了。
她确实满足了凯西奥偷摸的苦心，
送了他一件私情的信物，本来是
我给她的，我见过凯西奥拿在手里。
是一块手绢，是我的父亲送给
我的母亲的一件古老的珍品。

爱　天啊！天上的神明啊！

亚　　　　　　　　　　浑蛋，闭嘴！

爱　真相要大白，要大白！要我闭嘴？
休想！我要讲痛快，象刮大北风。
就叫天上神、世间人、地下鬼一起，
一起都来骂我吧，我还是要讲。

亚　要识相，给我回家去！

爱　　　　　　　　　　决不！

〔亚果拔剑威胁爱米丽亚。

格　呸！

你拿剑来对付女人？

爱　你这个愚蠢的摩尔人，你说的手绢

是我偶尔捡到的，交我丈夫的；

他几次三番（为这样一种小东西

真是犯不着）那样的认真、严肃，

苦苦要求我偷它。

亚　邪恶的娼妇！

爱　她送给凯西奥？太骗人了，是我捡到的，

是我给我丈夫的。

亚　贱货，你撒谎！

爱　天作证，我没有说谎，没有，先生们。

杀人的糊涂虫啊！这样个蠢材怎配

这样个好女人？

奥　难道天上要省雷，

还不马上劈下来吗？好一个恶汉！

〔猛扑亚果，为蒙太诺所阻，亚果刺杀爱米丽亚。

格　这女人倒下了。他杀死了他的妻子。

爱　唔，唔。把我抬到夫人的身边。

〔亚果下。

格　他逃走了，他的妻子却被杀死了。

蒙　这是个毒透的坏蛋。你拿着这支剑，
那是从摩尔人手里夺过来的武器。
来，在门口把守。不让他出去，
否则就杀了他。我去追那个坏蛋，
那个该死的奴才。

〔蒙太诺，格雷协诺偕人众下，余奥瑟罗与爱米丽亚。

奥　　　　　　　　　我也算不得好汉了，
哪一个毛小子都可以夺走我的剑。
可是心都给狗吃了，还要面子？
都给我滚吧。

爱　　　　　　　夫人，你唱那支歌
是什么预兆呀？听，你还听得见吗？
我要学天鹅，唱着歌死去。
〔唱〕

杨柳啊，杨柳，杨柳。

摩尔人，她清白；她爱你，残暴的摩尔人。

我的灵魂得救了，因为我说真话。
这样想也就这样说，我死了，我死了。 〔死。

奥 我在房间里还有一件武器；
西班牙造的剑，经过冰水炼铸的。
噢，这儿哪。——大叔，我一定要出去。

格 〔自内〕
你倘要出来，就得付重大的代价。
你没有武器，只有死路一条。

奥 那就进来看看我，跟我说说话，
要不然，我空手也要对你不客气。

格雷协诺上。

格 什么事？

奥 看，我手里有一件武器。
军人的身边从来也没有挂过
比这更好的一把剑。想当年我曾经
就凭这一条胳臂，这一把利剑，
杀出重重的包围，比你的阻挡

不止强二十倍。可是啊，还夸耀什么！
谁能支配自己的命运呢？不同了。
虽然你看见我手里有武器，别害怕。
这里是我的归宿，旅途的结束，
最后一次远涉重洋的终点。
你后退了，有点慌张吗？这是虚惊。
只要用一根灯草刺一刺奥瑟罗，
他就倒退了。奥瑟罗该去哪儿呢？
看看你脸色怎样了？薄命的丫头啊！
象你的衬衫样苍白。到末日审判了，
我们再相见，你这副脸色就会把
我的灵魂扔出天让群魔抓去。
冷了，冷冷的，就象你的贞操。——
该死的奴才啊！魔鬼们，鞭打我，
不许我张望这个天堂的景象！
让狂风吹我到处转！用硫磺烧我！
叫我在火流的万丈深渊里受冲刷！
玳丝德摩娜啊，玳丝德摩娜！死了！
噢！噢！噢！

罗陀维科、蒙太诺、凯西奥被抬、亚果被押及警官侍从上。

罗　这个最为不幸的莽汉在哪儿呢？

奥　这就是曾经是奥瑟罗的那个人。我就是。

罗　那条毒蛇呢？把那个恶汉带过来。

奥　我看看你的脚——可只是传说罢了。

你如果真是魔鬼，那我就杀你不死了。　〔刺亚果。

罗　夺掉他的剑。

亚　　　　　　我流血，可没有给刺死。

奥　我也不觉得可惜，宁愿你活下去；

在我看来，死倒是一种幸福。

罗　你啊，奥瑟罗，你本来是那样善良的，

竟然落入了一个该死奴才的圈套，

该对你说什么呢？

奥　　　　　　　随便说什么都可以；

如果你愿意，说是个正直的凶手吧；

我干的，不是出于恨，全为了荣誉。

287　魔鬼足传说系偶蹄。

罗　这坏人已经部分坦白了罪行。
　　杀害凯西奥，是你跟他商定的？
奥　是的。
凯　亲爱的将军，我从未亏待过你啊。
奥　我相信是这样，现在就请你原谅。
　　请你们问问这个人形的魔鬼，
　　为什么要陷害我的灵魂和肉体？
亚　别问我什么。你们知道的，都知道了。
　　从今以后我再也不说一句话。
罗　连祷告也不做吗？
格　　　　　　　　　苦刑会叫你张嘴。
奥　嘿，你这样倒最好了。
罗　将军，你听听还有怎样的经过，
　　我想你还不知道。这封信是从
　　洛德里科尸体的口袋里发现的；
　　这儿还有一封。其中有一封
　　表明要由洛德里科去下手

307　意谓，你的罪恶非言语所能形容（吉特立其）。

杀死凯西奥。

奥　啊，恶棍！

凯　　　　　　最邪恶，最毒辣不过了。

罗　这儿还有表示不满的一封信，
也是从他的口袋里找到的；这好象
本来是洛德里科想交给这个坏蛋的，
可是，显然，信还没有送，亚果
插进来把他说服了。

奥　　　　　　　　　你这个畜生！——
凯西奥，我妻子的那块手绢怎么会
落到你手里？

凯　　　　　　在我房间里捡到的；
他刚才自己承认他故意把它
丢在那里，让我捡到，正好
中他的奸计。

奥　　　　　　蠢材啊！蠢材！蠢材！

凯　洛德里科还在信里责备亚果，
说不该唆使他趁我巡夜的时候
向我挑衅；我就是为那次争吵，

受革职处分的；他看来已经死了，
刚才却还说了话——说亚果还杀他，
亚果害了他。

罗　你得离开这房间，跟我们一起走。
你的职位和兵权已经撤销了，
凯西奥接管塞浦路斯。这个奴才呢，
任何极刑，只要能狠狠折磨他，
叫他慢慢受长罪，就都用来
不留情对付他。你得受严密看管，
等我们把你的过错呈报到威尼斯，
听候政府的发落。来，带他走。

奥　慢点！再听我说了一两句才走。
我为国家立过功，当局是知道的——
这不用再提了。你们写公文报告
这些不幸事件的时候，请你们
照我的实情说实话。不要开脱，
也不要恶意诬蔑。你们应当说：
这个人用情欠明智，却是太热诚；
这个人不轻易嫉妒，一受人摆布，

可就烦乱到极点；这个人就象
一个愚昧的印度人，抛掉颗珍珠，
不知道它比全部落还值钱，这个人
虽然不惯于受感情融解，一崩溃，
可就会把热泪洒得象阿拉伯森林
洒下来药性的胶汁。把这些记下来；
另外再添上一句说：阿勒颇地方
有过一个恶意的裹头巾土耳其人
殴打一个威尼斯人：糟蹋城邦，
我抓住了这个受割礼狗子的脖子
一下子把他刺杀了——这样子！　〔自刎。

罗　啊，可怕的结局！

格　　　　　什么话都白费了。

奥　我杀你先吻你。现在也只能这样——
杀死我自己，就在一吻里收场。　〔倒床上身死。

凯　我早担心了，只是想他没有武器；
他心胸博大。

罗　　　　你这斯巴达恶狗，
要比剧痛、饿火、怒涛更凶狠！

看这张床上承担了多惨的负荷。
这是你的功绩。真惨不忍睹；
遮起来。格雷协诺，你保管这所房子，
接收摩尔人所有的财物，它们该
归你所有。总督大人，你负责
审判这个万恶的奸贼。听凭你
排时间、定地点、决用刑——从严处分！
我怀了沉痛的心情、立即上船，
回去陈述这件惨痛的血案。

〔全下。